城市住宅开发政府干预系统理论与实践

崔晓青　著

知识产权出版社
全国百佳图书出版单位

责任编辑：于晓菲

图书在版编目（CIP）数据

城市住宅开发政府干预系统理论与实践/崔晓青著. —北京：知识产权出版社，2012. 2

ISBN 978-7-5130-1121-1

Ⅰ. ①城… Ⅱ. ①崔… Ⅲ. ①城市—住宅建设—行政干预—研究—中国 Ⅳ. ①F299. 233. 5

中国版本图书馆 CIP 数据核字（2012）第 031376 号

城市住宅开发政府干预系统理论与实践

CHENGSHI ZHUZHAI KAIFA ZHENGFU GANYU XITONG LILUN YU SHIJIAN

崔晓青　著

出版发行：知识产权出版社

社　　址：北京市海淀区马甸南村 1 号

邮　　编：100088

网　　址：http://www. ipph. cn

邮　　箱：bjb@ cnipr. com

发行电话：010－82000893 转 8101

传　　真：010－82005070/82000893

责编电话：010－82000860 转 8363

责编邮箱：yuxiaofei@ cnipr. com

印　　刷：北京雁林吉兆印刷有限公司

经　　销：新华书店及相关销售网点

开　　本：787mm×1092mm　1/16

印　　张：12. 5

版　　次：2012 年 2 月第 1 版

印　　次：2012 年 2 月第 1 次印刷

字　　数：195 千字

定　　价：38. 00 元

ISBN 978-7-5130-1121-1/F·506（4003）

目 录

图表目录

第1章 引言

城市住宅开发是我国房地产市场重要组成部分，对我国城市经济、社会环境的发展有巨大的影响。相当长一段时间里我国城市住宅开发还将处于大规模高速发展时期，面临着资源短缺、能源紧张、环境保护等压力，不利于我国经济、社会健康发展，存在房价高、住房市场结构不合理、住宅品质低、住宅分配不公平以及市场火爆与萎缩交织等问题。为此，各级政府出台了一系列政策措施，但是政策效果并不理想，通常一个方面问题解决了，另一个方面问题又出现了，一些问题暂时解决了，过段时间又出现的现象。当前，我国正在努力规范房地产市场，着力解决民生问题，建设资源节约型社会和服务型政府，但城市住宅开发的许多方面与这些要求还存在较大差距，政府如何对城市住宅开发进行系统干预也是缩小这些差距的关键。

1.1 几个基本概念界定

1.1.1 城市住宅开发

房地产开发是一个比较成熟的概念，住宅开发是房地产开发的一个重要部分。本文将城市住宅开发定义为：在城市规划区范围内依法取得国有土地使用权的土地上进行住宅开发投资建设的行为。

从物质变化过程看，城市住宅的开发是建设住宅项目的活动；从资金流动的变化看，城市住宅开发是住宅开发投资活动，是一种经济活动；从供求的角度看，住宅开发建设反映的是住宅的供应情况。住宅开发建设对经济、环境、居民的居住水平都有影响，住宅问题既是经济问题，又是环境问题和社会问题。

1.1.2 城市住宅开发政府干预

政府经济管理是政府的一项重要职能，即政府依据法律法规，运用经济手段和行政手段，对宏观经济进行调控，对微观经济进行规制，规范市场经济主体活动、管理市场客体和市场载体（周少鹏，2000）。房地产市场也存在政府的宏观调控与微观管制，其中，住房市场政府干预是指当住房市场总体或者某些子市场运行出现了剧烈振荡（如住房价格、交易量、开发投资大幅度上升或下降，住房供需出现严重失衡等）时，政府通过各种政策工具进行市场干预，以达到短期内使住房市场回到稳定运行轨道内的干预行为（王松涛，2009）。

政府干预有关的提法较多，如各种文献与媒体上经常把政府干预与宏观调控互换使用。本文中，城市住宅开发政府干预是指政府运用各种手段对城市住宅开发活动进行的宏观调控与微观规制。政府干预有多种属性，涉及不同的政府层面。城市住宅开发政府干预涉及的内容非常多。因此，本文的城市住宅开发政府干预，将把研究重点聚焦在直接从事开发管理的城市地方政府对城市住宅开发活动的干预方面。

根据政府在住宅开发管理过程中不同阶段的影响，本文研究的城市住宅开发政府干预主要包括，各级政府主导的、具有调控效果的城市规划、土地供应、财政税收、信息公开及行业管理等活动。

1.1.3 城市住宅开发政府干预系统

根据上文对城市住宅开发政府干预的说明，结合后面的系统理论概念，本文中城市住宅开发政府干预系统主要是指由城市规划管理、土地供应调控、财税调控、金融调控、信息公开管理以及行业管理等政策措施子系统组成的系统，如图 1.1 所示。

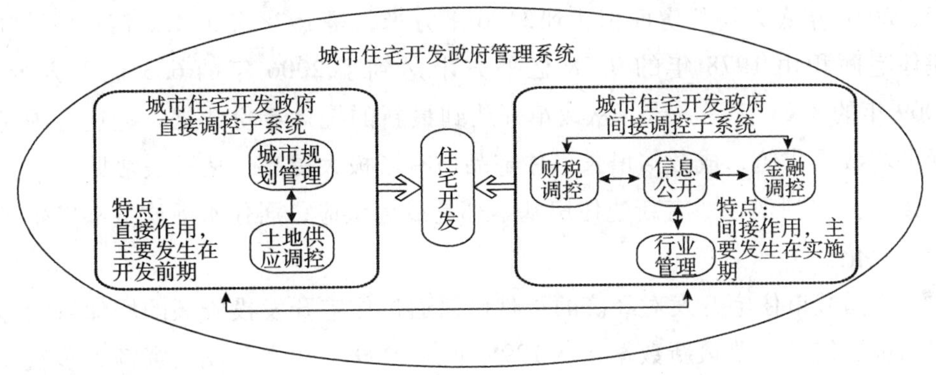

图1.1 城市住宅开发政府干预系统构成图

按照各种调控手段的作用效果及时间段，本文将城市住宅开发政府干预系统分为两个部分：城市住宅开发直接调控子系统和城市住宅开发间接调控子系统。其中，直接调控子系统主要由具有直接调控效果的、主要发生在住宅开发前期的城市规划管理、土地供应调控等手段组成；间接调控子系统主要由具有间接调控效果的、主要发生在住宅开发实施期的财税调控、金融调控、信息公开、行业管理等手段组成。

1.2 我国城市住宅开发及政府干预情况

改革开放以来，我国城市住宅开发取得了巨大成就，改善了居民的居住水平，促进了经济发展。但是住宅开发过程中也存在很多问题，诸如住房价格高，住宅开发投资冷热不均，住宅开发投资结构不合理，住宅产业化水平不高等问题，对社会、经济、金融、环境带来了不利影响。

1.2.1 我国城市住宅开发成就

我国城市住宅开发对居民居住水平提高的贡献可以通过城市人均住宅建筑面积和城镇新建住宅面积的提高反映出来。根据国家统计年鉴的数据，1978年我国城市人均住宅建筑面积为6.7平方米，2007年达到17.1平方米，2010 年底人均住房面积达到31.6 平方米，是1978 年的4.7 倍；城镇新建住宅面积由 1978 年的 0.38 亿平方米达到了 2006 年的 6.3 亿平方米、2009 年的8.21 亿平方米。从改革开放到最新的统计年份数据，上述各项指标平均数是成倍、成数倍增长。住宅品质有了极大提高，从过去常见的“筒子楼”住房到现在所有新建住房基本都是成套供应，居住水平质量都发生了极大变化。

我国城市住宅开发对经济的贡献可以通过住宅开发投资额的增加得到体现。根据统计年鉴最新数据，从 1998 年到 2009 年住宅开发投资额大多数在24% 与 35% 之间，平均达到 26% 左右，只有 2009 年的同比增幅低于 20% 为14.1% 。

市场化的城市住宅开发提高了房地产市场的成熟度，完善了房地产市场体系。根据统计年鉴数据换算，从 1999 年到 2009 年住宅开发投资占整个房地产开发投资的比重都在 64% 到 72% 之间，对房地产市场的建立做出巨大贡献。同时，从 2008 年开始，国家开始加强保障性住房的开发建设，此后两年多时间，全国累计开工建设廉租住房、公共租赁住房、棚户区改造安置住房、经济适用住房、限价商品住房等各类保障性住房 1300 万套，其中竣工 800 万套，大批住房困难群众实现了安居，2011 年规划了 1000 万套保障住房建设计划，“十二五”规划建设 3600 万套保障房。

此外，以城市住宅开发为主的房地产开发行业，为社会提供了大量就业岗位。根据统计年鉴最新数据，房地产开发企业从业人员数从 1998 年的 825 888 人达到 2009 年的 1 949 295 人，11 年间增长了 136% 。

虽然城市住宅开发取得了巨大成就，但同时也出现了很多问题。

1.2.2 我国城市住宅开发过程中出现的问题

我国城市住宅开发过程中出现的问题各种各样，有的解决了，有的还没有解决，有的问题反复出现。这些问题主要体现在以下方面。

1. 城市住宅开发与建设资源节约型社会的要求存在差距

当前的城市住宅开发建设存在着大量土地资源浪费、能源高消耗现象，并对生态、人文环境造成了一定程度的破坏，这背离了建设“资源节约型、环境友好型社会”的发展目标。

城市住宅开发一方面消耗了大量土地资源，另一方面也存在着土地资源的大量浪费。以济南市为例，1999 年城市建成区面积 116.2 平方千米，2005 年达到 201 平方千米，而在此期间供应住宅土地 1581 公顷，占建成区新增面积的 18.64%。[1] 据估测，到 2007 年底，房地产开发商囤地约 10 亿平方米，可支撑一个完整的开发周期。[2] 据中新网报道，国土资源部在清查北京市 2002 年至 2005 年的住房建设供地情况时发现，北京市已供土地中，几乎相当于全市两年的房地产用地总量的土地未形成实际住房供应，意味着北京一半以上的土地被囤积在了开发商手中，造成了土地大量闲置浪费（王菲，2006）。

住宅建设与使用的能耗非常高。据初步测算，我国住宅建设用钢占全国用钢量的 20%，水泥用量占全国总用量的 17.6%，城市建成区用地的 30% 用于住宅建设，城市水资源的 32% 在住宅使用过程中消耗，住宅使用能耗占全国总能耗 20% 左右。与发达国家相比，我国住宅使用能耗为相同气候条件下发达国家的 2～3 倍（刘志峰，2005）。

城市住宅开发对生态、人文资源环境造成破坏。长期以来，由于生态环境意识的淡薄，以及城市规划的失误，造成了水资源的污染和噪音污染以及交通拥挤，破坏了城市生态环境。城市历史文化遗产是一种稀缺的重要资源，在进行城市住宅开发中，如果做到开发与历史文化遗产保护的协调，就能充分发挥文化资源的作用，成为城市经济发展的驱动力，为人们保留历史文脉。但是，当前许多城市的住宅开发走的是传统的资金就地平衡的老路，这种开发模式破坏了处于黄金地段的城市历史文化街区。近年来在高速城镇化和经济发展中，虽然有些历史文化名城制定了保护规划，划出了保护区和紫线控制，也有相关的保护条例，然而，一旦面对城市发展，面对房地产开发，就变得束手无策，只能听凭推土机把那些看似破旧的历史建筑碾平（李兆汝，2006）。

---

[1] 数据来源：济南市土地局内部资料。

[2] 数据来源：北京师范大学金融研究中心《中国房地产土地囤积及资金沉淀评估报告》。

2. 住房问题成为重要的民生问题

住房问题成为政府关注的非常重要的民生问题。国务院总理温家宝 2007 年 11 月在新加坡接受访问时说："如果提起人民生活，我最为关注的是住房问题……分配不均，特别是近些年来房价上涨较快，人民有很大的意见。"（张永兴、李涛，2007）城市住宅开发对尽快解决百姓住房问题的挑战主要表现在城市住房价格高、房价上涨速度快、保障性住房建设不足等几个方面。国务院副总理李克强说："保障性安居工程建设是一项重大民生和发展工程，是宏观调控的重大举措，并有利于调整收入分配结构，群众十分拥护，社会高度关注。"（李克强：把好保障性安居工程发展的生命线。网址：http://house.runsky.com/2012-02/08/content_4154439.htm）2011 年，在《国民经济和社会发展第十二个五年规划纲要》中提出，未来 5 年，我国将开工建设 3600 万套保障房，2011 年和 2012 年各 1000 万套，后面三年 1600 万套，"十二五"末使保障性住房的覆盖率达到 20%。

增量住房市场出现城市住房价格高、上涨速度快、交易冷热不均的现象。据国家发展和改革委员会和国家统计局发布的调查显示，2006 年 12 月份全国 70 个大中城市新建商品住房销售价格同比上涨 6.3%，2007 年 11 月全国 70 个大中城市新建商品住房销售价格同比上涨 11.4%。[1] 2007 年，在北京、上海、深圳、广州四大热点城市中心城区房价陆续迈过万元门槛，二线城市杭州、天津、厦门、南京、宁波、成都等城市的房价也开始向着万元的标杆猛跑。虽然现在房价得到遏制，但住宅市场上房价高、涨幅过大等问题有出现反复的可能与担心。而住房交易火热与低迭交替轮换发生，根据国家统计局数据，2009 年新建住宅销售旺盛，而 2008 年与 2011 年则销售低迷，对房地产市场健康稳定发展带来不利影响，也不利于居住问题的解决。

住房市场出现了保障性住房建设不足，住宅开发投资结构不合理现象。根据国家统计局数据显示，全国经济适用房投资占房地产开发投资的比重从 2001 年到 2006 年依次为 9.45%、7.56%、6.13%、4.61%、3.26%、3.59%，基本上是逐年下降的。而截止 2005 年底，全国尚有 70 多个大中城

---

[1] 数据来源：国家发改委网站（http://www.ndrc.gov.cn/jjxsfx/default.htm）

市根本没有启动廉租房建设。[1] 据2007年《济南统计》记载年鉴，从2001年到2006年，济南市保障性住房投资额相比住宅开发投资额由11.25%最低下降到2005年1.03%，2006年也很低为1.38%[2]。从2007年开始这种情况发生转变，政府在政策、资金方面都加大对保障住房的支持力度。但在住房价格得到抑制、保障住房加强的同时出现了其他问题，根据国家统计局数据，2011年，房地产开发投资增速下降，住房成交量大幅下滑，住宅存量攀升，土地市场交易趋冷，国房景气指数持续走低进入不景气区间。监测数据显示，2012年1月10个重点城市新建住宅成交量环比上月下降5成多，与去年同期相比减少近7成。

我国城市住宅开发取得巨大成就，也出现了各种各样的问题，为此政府针对各阶段情况采取了不同的干预措施。

1.2.3 我国城市住宅开发政府干预历程

我国城市住宅开发政府干预的历程就是房地产市场、住房建设、房地产产业相关制度建立以及房地产宏观调控的历程。房地产开发是随1978年确定了改革开放的方针，进行了城镇住房制度改革，开辟了住房商品化的道路基础上，在国家计委和城乡建设部1984年联合发布了《城市建设综合开发公司暂行办法》，提出了建立房地产开发公司的背景下发展起来的。根据我国房地产开发发展轨迹，1978年到现在，1978年、1993年、1995年、2003年是房地产开发发展变化的重要时间点。

因此，本文对城市房地产开发政府干预历程的分析从1978年开始。根据房地产市场的发展以及政府出台的有关房地产方面制度、政策时间顺序，我国城市房地产开发的政府干预历程大体经过了四个阶段：第一阶段（1978～1992）初步建立了房地产有关的制度框架阶段；第二阶段（1993～1995）第一轮房地产宏观调控阶段；第三阶段（1996～2002）制度逐步完善阶段；第四阶段（2003至今）第二轮宏观调控阶段。如图1.2所示。

[1] 数据来源：2007年《中国统计年鉴》

[2] 数据来源：2007年《济南统计年鉴》

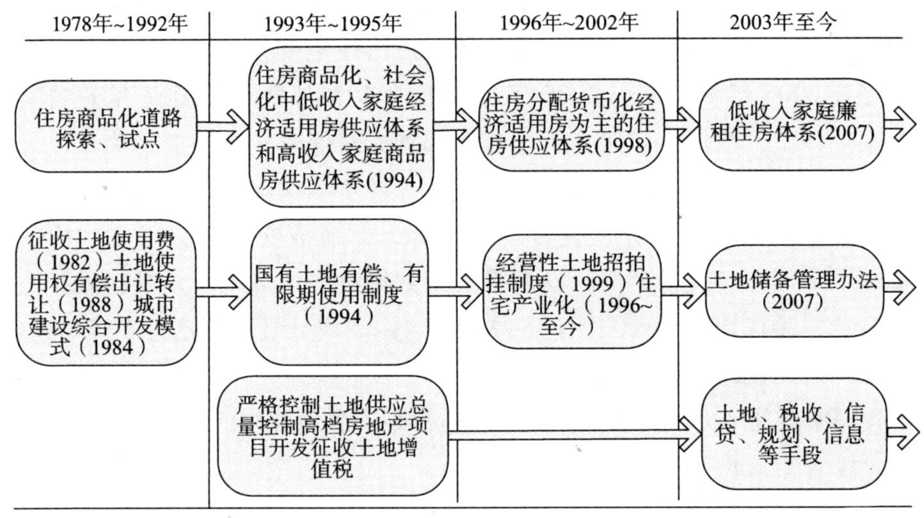

图 1.2　城市房地产开发政府干预历程

1. 房地产市场有关制度框架初步建立阶段

在 1978 年之前，我国房地产业处于停滞期。受体制制约，住房建设资金时多时少，建设规模时大时小，住宅建设停滞不前，当时城镇人均住房面积不到 4 平方米，缺房户、住房困难户有 1000 多万户。住房成为当时群众反映强烈及影响群众积极性发挥及社会发展的焦点（寒江雪，2001）。

1978 年之后，随着经济体制改革的全面展开，在城市进行了城镇住房制度改革、城市土地使用制度改革和房地产生产方式改革，我国新的房地产业诞生了。中国政府开始推行住房商品化和土地有偿使用制度，土地使用权可以依照法律的规定转让，开始将房地产业列为独立的行业。到 1992 年政府对房地产投资过热进行调控为止，我国已初步建立了房地产相关的制度框架，为房地产发展、房地产开发奠定了初步的制度基础。

这一阶段出台的制度和措施集中体现在国家计委和城乡建设部 1984 年联合发布的《城市建设综合开发公司暂行办法》，1989 年建设部发布的《关于加强城市综合开发工作的若干意见》，1990 年 5 月 19 日国务院发布了《中华人民共和国城镇国有土地使用权出让和转让暂行条例》，1991 年 11 月国务院办公厅下发的《关于全面进行城镇住房制度改革的意见》等文件和法规中。

2. 第一轮房地产宏观调控阶段

这一阶段，由于1992年至1993年上半年全国房地产业超常规发展，进入了第一轮的宏观调控时期。其主要特点是在继续深化城镇住房制度改革的同时，通过税收和行政手段加强了对房地产市场的宏观调控。

邓小平“南巡讲话”发表以后，中国的经济体制改革向纵深推进，房地产业得到迅速发展。出现了批地热、圈地热、设立开发区热，建造写字楼、宾馆热，新区开发热，而出现房地产市场供不应求、普通住宅远远不能满足需要、旧区的改建重视不足的现象。此外，还存在土地供给总量失控、开发企业成立失控、市场行为不规范等问题，导致投资总量过大、投资结构不合理等现象。

这一阶段政府规范房地产发展、调控房地产市场出台的制度、措施主要体现在以下文件中：1993年8月10日建设部、国家土地管理局、国家工商行政管理局、国家税务总局《关于加强房地产市场宏观管理促进房地产业健康持续发展的意见》，1994年1月1日开始实施《中华人民共和国土地增值税条例实施细则》，1994年7月18日国务院下发的《国务院关于深化城镇住房制度改革的决定》，1995年1月1日开始实施的《城市房地产管理法》，1995年2月6日《转发国务院住房制度改革领导小组国家安居工程实施方案的通知》，1995年5月26日国务院下发的《关于严格控制高档房地产开发项目的通知》。

3. 房地产有关制度逐步完善的阶段

这一阶段，我国经济随1997年亚洲金融危机爆发后出现了“通货紧缩”，房地产市场也进入低潮。为刺激消费、拉动内需，城镇住房制度改革进入进一步深化和全面实施阶段，中国房地产市场和房地产业进入了一个健康平稳的发展时期。

这一时期，全国城镇停止了住房实物分配，实行住房分配货币化，住宅建设方面开始推动住宅产业化工作。其主要制度、政策内容体现在：1998年7月3日发布《国务院关于进一步深化城镇住房制度改革加快住房建设的通知》，明确提出“促使住宅业成为新的经济增长点”，并拉开了以取消福利分房为特征的中国住房制度改革；1996年建设部颁发的《住宅产业现代化试点工作大纲》；1999年国务院《关于推进住宅产业现代化提高住宅质量的若干意见》。

4. 第二轮房地产调控阶段

这一阶段，出台的有关房地产制度、政策更加完善，进入政府对房地产市场全面调控时期。这一时期，房地产问题暴露最多，政府对房地产市场调控时间最长，调控政策出台最多最集中，调控措施最全面，从土地、税收、信贷、住房结构和房地产市场交易及秩序等方面全方位对房地产市场进行了深入调控。各种政策措施涉及了住房建设规划、套型面积及套型比例控制、土地供应总量与土地供应方式控制、宗地规模与土地供应前置条件控制、房屋建设标准的调整、项目开发贷款利率、贷款条件与贷款额度控制、土地增值税征管、房地产市场信息预警预报系统建立与市场信息披露等政策措施。

自从 1998 年我国深化住房制度改革，实行货币化分配以来，房地产业得到了快速发展，一跃成为国民经济的支柱产业，并带动了钢铁、水泥、家电等相关行业的快速发展。但是，到 2003 年上半年，我国固定资产投资规模过大，钢铁、水泥、房地产投资规模过热现象明显，国家为了国民经济的稳定健康发展，避免出现大起大落，首先启动了金融政策。2003 年 6 月至 8 月，中国人民银行颁布了《关于进一步加强房地产信贷业务管理的通知》（简称 121 号文件）和《关于促进房地产市场持续健康发展的通知》（简称 18 号文件），明确指出“房地产业是国民经济的支柱产业”地位，后来又采用了“三停一整顿”的紧缩土地供应政策。2004 年后，由于钢铁、水泥、房地产行业继续过热，除采用行政手段外，2004 年 10 月 29 日还运用了市场化的加息政策，2005 年 3 月又提高了信贷利率，突出了对房地产价格的重点调控。为了抑制房价无节制的升高，2005 年 5 月中央颁布了“国八条”和“七部委意见”，文件出台后，从总体上讲，房地产投资增长和房价上涨过快的势头得到初步抑制，但房地产业中的一些根本问题没有得到解决，更多城市的房价仍在继续走高。

随后，2006 年 5 月 17 日，国务院提出了促进房地产业健康发展的六条指导性措施（简称“国六条”），具体包括重点发展中低价位、中小套型普通商品住房、经济适用住房和廉租住房，合理控制城市房屋拆迁规模和进度，减缓被动性住房需求过快增长以及进一步整顿和规范房地产市场秩序等内容。2006 年 5 月 29 日，国务院办公厅转发建设部等九部委的十五条意见，这是贯彻新“国六条”的具体实施方案。上述思想通过《关于调整住房供应结构稳定住房价格的意见》、《关于落实新建住房结构比例要求的若干意见》文件体现。随后《关于建立国家土地监督察制度有关问题的通知》（国办发2006第150号）、《关于进一步整顿规范房地产交易秩序的通知》（166号文件）、《国务院关于加强土地调控有关问题的通知》等文件相继出台；同时，央行两次加息，要求商业银行提高大户型按揭贷款首付比例、加强房地产信贷风险管理等，金融措施密集出台。2006年的房地产宏观调控政策由“国六条”开始．随后各种细化的调控措施陆续出台，从土地、税收、外资准入、信贷、住房结构和房地产市场交易秩序等方面全方位对房地产市场进行了全面调控（刘维新，2006；陈柳钦，2008）。

2007年，以稳定房价为诉求的房地产调控进一步深化。土地、信贷、税收等为房地产市场降温的各项调控新政密集推出，从土地管理、规范市场秩序、抑制投机（尤其抑制外商投资房地产）、调整住房结构等多方面全面出击。2007年1月16日，国税总局下发《房地产开发企业土地增值税清算管理有关问题的通知》，作为年内针对房地产行业的第一道政策预示着房地产行业的调控再度升温。从2007年3月18日起，接下来5月19日、7月21日、8月22日、9月15日、12月21日，2007年央行已连续进行6次加息。2007年9月27日，央行、银监会联合颁布《关于加强商业性房地产信贷管理的通知》（359号文），要求：严格控制房地产开发贷款，项目资本金达不到35%，不得发放贷款等。同时，政府住宅调控思路在2007年发生转变，即加快建立健全以廉租住房制度为重点、多渠道解决城市低收入家庭住房困难的梯级住房保障体系，实行住房分类供应体制。2007年8月13日国务院公布了《国务院关于解决城市低收入家庭住房困难的若干意见》，使解决低收入家庭住房困难被纳入政府公共服务职能，体现了政府真正建立保障住房体系的决心。房地产调控阀门进一步拧紧，在2007年12月3日，国土资源部、财政部、中国人民银行联合颁布《土地储备管理办法》，规范土地市场运行，促进土地节约集约利用，以利于缩短从土地到商品房的时间周期，起到增加房产供应的效果。

而2008年到2011年是反复调控、调控目标多样、手段更全面严厉的一段时期。首先2008年是戏剧性的一年，下半年随着世界金融危机的影响，在调控效果刚刚显现时，货币政策从年初的多次上调存款准备金率的“适度从紧”、“从紧”政策向下调贷款利率、存款准备金率的“适度宽松”政策转变，调控政策再次松动，最终导致房地产调控前功尽弃。2009 年，中国房地产市场从年初的“试探性抄底”，到年中的“放量大涨”，再到年底的“恐慌性抢购”，短短一年间，中国楼市迅速地由低迷转变为亢奋，由萧条转变为繁荣，调控由“去库存”转变为“挤泡沫”。2009 年的调控主要从推进保障性住房建设和房地产市场健康稳定发展为主线，在 2008 年基础上对各项调控政策进行了深化，如规划变更管理、贷款资金监管、建设用地批后监管、各类建筑产权界定、税收征管等很多具体政策措施纷纷出台。但在短期出现观望形势后，2010 年第一季度，房市恢复上涨、房价持续攀高。

2010 年，开始了以稳定房价为主、加大保障性住房建设的最严厉的房地产调控时期。2010 年 1 月国务院发布《关于促进房地产市场平稳健康发展的通知》（简称“国十一条”），要求稳定市场预期、促进房地产市场平稳健康发展，省级政府负总责是该政策的重要关注点。2010 年 4 月 27 日，国务院发布了《国务院关于坚决遏制部分城市房价过快上涨的通知》（简称“国十条”），以坚决遏制部分城市房价过快上涨，要求地方人民政府根据实际情况采取限购措施。2011 年 1 月国务院颁布《关于进一步做好房地产市场调控工作有关问题的通知》（简称“国八条”），2011 年 7 月“国务院常务会议”要求试行“限购”的城市范围逐渐扩大，同时出台各种“限贷”措施以及进行全面加强保障性住房建设管理。

这一阶段出台的政策措施最多，基本上囊括了宏观调控与微观管制可以采用的各种政策工具。回顾我国政府对房地产市场的干预过程，是一个政策体系不断完善、制度不断健全的过程，也是一个政府干预能力不断提高的过程。但这么多年反反复复的调控，也说明政府干预的效果与期望还有距离。

1.2.4 我国城市住宅开发政府干预效果

不可否认，我国政府对房地产市场的干预与过去相比取得了不小的成绩，但在城市住宅开发方面还存在政策调控力度较弱、政策之间缺乏系统性等问题。

针对城市住宅开发过程中存在市场机制失灵、企业行为不规范的现象，

2003年以来我国集中出台的房地产调控政策就有十多项，涉及了住房政策、金融政策、土地政策、税收政策、行政手段、规划与计划等多个方面的措施。国务院在2003年发出《关于促进房地产市场持续健康发展的通知》，2005年和2006年分别出台“国八条”和“国六条”政策措施，这都是以解决房价问题、调整供应结构为重点的文件。但在调控文件颁布的当年，有些城市的同质房价竟以高于10%甚至高于20%的幅度上涨，开发投资过热、土地资源浪费、能源消耗过高等问题也依然存在，同时伴随保障性住房建设不足的问题。

2007年伴随稳定房价为诉求的调控、开始注重住房保障制度建设，公布了《国务院关于解决城市低收入家庭住房困难的若干意见》。2008年由于担忧世界金融危机对中国经济的影响，调控政策松动，导致房价在2009年到2010年处于持续攀高过程。为此，2009年各种调控政策进行了深化，2010年国务院发布《关于促进房地产市场平稳健康发展的通知》（简称“国十一条”）与《国务院关于坚决遏制部分城市房价过快上涨的通知》（简称“国十条”）严厉政策，采取了加大保障住房建设及“限贷、限购”的政策，终于使房价在目前阶段有所稳定、有所下降。但代价是土地市场与住房市场冷清，住房交易量下降，房地产开发投资增幅下降，国房景气指数进入不景气期间。

综上所述，实践证明政府对房地产市场的干预有一定成效，但效果不理想，存在政府失灵问题，主要表现在土地管理、规划管理、行业管理、信息公开、税费征管等方面不完善，需要进一步改善政府对房地产的干预。而理论对政府房地产干预的研究，可以通过国内相关研究的文献综述部分体现。

1.3 国内外文献综述

1.3.1 国内文献综述

伴随我国经济的快速发展与住房制度改革，过去十几年中，针对我国城市房地产开发出现的问题以及城市房地产政府干预的相关研究比较活跃。其中大量研究主要集中在房地产开发政府干预系统相关问题、政府管理失灵以及如何进行有效管理等方面，主要涉及房地产开发规范化管理、宏观调控、微观规制、行业管理等内容。由于管理问题与各国国情有极大关系，所以本文的文献综述重点对国内研究情况进行分析。

1.3.1.1 房地产开发政府干预系统相关问题研究

对于房地产开发政府干预这样一个系统，有的研究人员从规范化角度对政府干预体系进行研究，还有的人员从调控角度对房地产宏观调控与微观管制等干预方式进行了研究。

1. 房地产政府规范体系及目标

在房地产发展过程中曾出现了大量的不规范问题，因此从规范化角度对房地产政府规范体系与目标进行了研究。

主要观点认为，我国房地产政府规范体系从内容上应该包括：土地制度、开发建设制度、流通制度、产权管理制度、房屋修缮制度、税费制度等方面。在形式上应该包括法制性规范和政策性规范，当前很长时期还主要依靠政策性规范来约束（张景伊，1994）。

房地产开发和房地产市场规范化的总体目标应该是：以严密健全的房地产法规体系为规范依据，完备健康的市场体系为规范基础，合理有序的运作程序为规范路径，公平竞争和科学管理为规范手段，通过改革和创新不断提高规范化程度，弥补规范缺口，强化约束力度，提高规范效果，以实现投资、开发理性化，交易、服务规范化，管理、调控法制化，市场运行有序化，最大限度地提高房地产开发和房地产市场的运作效率，同时降低交易成本，推动房地产业持续健康发展（丁健、印堃华，1998）。

2. 房地产宏观调控的基本体系

房地产宏观调控作为房地产发展的一个必不可少的组成部分，许多学者对房地产宏观调控的概念、目标、原则、手段等内容进行了系统的分析研究，主要观点有以下几个方面。

（1）房地产开发市场调控是指国家有关部门代表中央政府，运用多种手段对房地产开发进行的调控，主要内容应包括投资规模、开发结构、开发布局、开发行为及投资品供应等几个方面（罗龙昌，1999；董藩、王庆春，2003）。

（2）房地产宏观调控的主要形式是总量调控与结构调控、需求调控与间接调控、宏观调控与微观调控、内向调控与外向调控相结合，调控手段与实施措施应采取经济、法律、行政调控手段以及启发引导手段（吴兆华，1995；梁运斌，1995）。房地产开发市场调控应遵循“统一领导、相互协调”、“多种调控手段相结合”、“管而不死、活而有序”以及“反周期”的原则。中国房地产开发市场调控要借助计划、经济、法制和行政等手段，不同手段各有其特点和适用范围。要搞好房地产开发的宏观调控，必须做好环境建设等基础性工作，这是宏观调控有效发挥作用的前提（孟晓苏，1996；董藩、王庆春，2003）。

（3）宏观调控目标是保持房地产业的可持续发展，即土地资源利用、人居生态环境、人类住区、房地产市场的可持续发展。房地产业发展预警是宏观调控的预防手段，宏观调控的法规手段是房地产法律规范，宏观调控的行政手段是房地产政策，主要包括土地利用政策与住房政策（曹振良等，2003）。

3. 房地产开发政府规制研究

政府对房地产开发的干预不能简单依靠宏观调控，从微观层次进行规制也是政府对房地产开发干预的重要手段。我国的住宅供应经历了由计划经济时期的政府直接供给到当前主要由市场供应的过程，是一个政府严格管制到放松管制的过程。相对于房地产宏观调控问题的研究，我国对城市住宅开发的政府管制的研究相对较少。但面对如今市场经济条件下住宅开发出现的房价高、住房结构失衡、住宅质量差等一系列问题，人们对住宅业微观管制的研究逐渐增多，研究成果主要集中在住宅开发政府管制范围以及具体的土地利用管制、房屋质量管制、交易信息管制等方面。

关于政府微观管制，王洛林（1997）认为，它是政府站在完全中立的立场上依据法律法规对微观经济主体实施的一种外部管理（通常称之为管制）。或者，政府管制是政府行政机构依据法律授权，通过制定规章、设定许可、监督检查、行政处罚和行政裁决等行政处理行为对社会经济个体的行为实施的直接控制（余晖，2004）。

（1）城市住宅开发政府管制的必要性与管制范围。况伟大（2003年）以“垄断、竞争与管制”为主线，对北京市住宅业市场中开发商、消费者以及政府与市场之间关系进行考查，认为北京市住宅业市场结构是垄断性，政府应进行管制，认为应限制住宅项目的规模，防止空间垄断对房价的助涨作用。方惜（2006）认为，住宅开发中的政府管制主要包括五个方面：土地利用的管制、质量管制、住宅开发企业的数量控制、住宅开发企业的利润率管制、经济适用房的开发管制。城市住宅开发需要政府进行微观管制，但是微观管制的方法与内容需要根据实际情况进行调整，可以放松的方面则应放松管制，不能放松的方面则应通过改进管制方法提高管制效率，惟有做到松紧结合，才能推动整个住宅产业健康快速发展。

（2）土地利用管制研究。将各种管制方式结合起来实施，土地用途管制效果将更为有效（黄贤金、王静等，2003）。王文革（2005）论证了实行政府管制以弥补城市土地市场缺陷的必要性和可行性，并提出加强政府对城市土地市场法律管制的对策。郭洁（2005）从法律体系、调整范围、指导性土地价格和制裁机制等方面提出对土地价格法律管制的改革建议。方惜（2006）认为应该深化改革城市土地使用制度，优化土地价格管制手段，建立并完善土地总量管制制度，克服政府管制职能缺陷。

（3）住宅质量的政府管制研究。住宅质量的政府管制是政府社会性管制的重要内容。要保证工程质量必须依赖于人的素质提高，原料设备的质量保证和科技进步。完善住宅质量保证体系，改进住宅性能认定制度及推进住宅质量保证保险是提高住宅质量管制效率的途径（王洪泉，2003；冯建农，2004）。

（4）城市住宅开发有关的信息管制研究。楼红平、涂云海（2004）通过分析房地产交易中信息不对称问题，提出利用政府管制来弥补此缺陷。苗天青（2004）根据信息不对称理论来解释我国房地产开发企业的虚假广告问题，认为我国房地产开发企业的虚假广告问题较为突出，其根本原因在于房地产产品的经验品和信任品性质所造成的信息不对称。在“重复”交易的激励与约束下，有资质的房地产开发企业，特别是有一定品牌美誉度的房地产开发企业，出于声誉的考虑，其广告一般能够反映产品的质量，但对于大多数房地产项目公司，由于它们缺乏“重复”交易的激励与约束，相对而言其广告问题较多，因此这也是我们规制的重点。政府有必要对房地产开发企业广告行为进行规制，如加大对房地产开发企业虚假广告的处罚力度，建立房地产开发企业质量担保制度，制定房地产开发企业的强制性信息披露的相关法律政策。

（5）住宅产业的管制研究。认为中国住宅产业的政府规制，应走松紧结合的道路，建立有松有紧的规章制度。一要促进竞争，逐步放松政府广泛的行政干预，让市场成为房地产业资源配置的基础性手段；二要建立起适应市场经济体制的规制政策与制度，并对现行规制中不完善的地方予以补充、改进；三要强化质量标准，并严格监督执行；四要推行信息公开披露制度，减少信息不对称；五要加大惩处力度，增强制度法规的保障力（陈学会，2004）。要提高对住宅开发企业的进入管制效率，必须抬高开发企业的进入门槛，同时加强资质管理，不仅要对进入市场的经营主体开发资质进行控制，还要对具体的住宅开发项目进行市场准入管制（方惜，2006）。房地产市场必须实行政府规制与市场的结合，主要进行保有量规制、交易价格规制、税收规制、融资规制、政府自身政府行为规制。建立一套透明、规范、科学的行政程序，设立一个制度框架使政府干预适度，减少政府腐败行为，使政府干预行为可预期，引导市场理性决策（苑韶峰，2007）。

4. 住宅市场干预研究

随着我国住房市场的发展与宏观调控的深入，专门以住宅或住房市场干预、管制的研究增多。其中，王阿忠（2007）从住宅价格博弈的角度对中国住宅市场政府规制进行了研究，郭建波（2007）通过对住房、住房市场和政府三者的剖析研究总结了各国政府对住房干预的理论与实践，王松涛（2009）主要从宏观干预的视角总结了中国住房市场政府干预的原理，并对本轮住房市场政府干预的效果进行了评价。

从住宅价格博弈的角度对中国住宅市场政府规制研究发现（王阿忠，2007）：（1）中央政府从全社会政治经济大局出发，应限制地方政府自身利益在土地市场上的无限膨胀，博弈均衡须采取组合式供给地价规制方式，以实现地价的平稳增长。（2）住宅市场的垄断结构与产品差异性，导致市场呈弱价格竞争特性，通过供大于求达到降价的政策是无效的，它只会带来更多的空置面积和更低的入住率，并给市场埋下供给过剩的隐患。（3）住宅市场的信息不对称导致市场参与各方极具价格上涨偏好，房价、住宅品质以及成本关系脱节，市场呈现非理性混合均衡状态。为使市场出现房价博弈的良性序贯均衡，政府应加大对利用信息资源牟取暴利的打击力度。（4）针对住宅市场失灵现状，政府必须注重长效规制机制建设，建立住宅产业经济规制法律体系和组织架构，对住宅商品市场实行“二元”价格经济规制，以防止价格泡沫的生成。（5）必须通过立法和制度设计，构建面向中低收入者的住房分类供应制度，以解决住宅市场供给结构失衡等问题。（6）应构建基于特许开发权竞标的限价房两段式竞价经济规制，探索多种形式的限价房和保障性用房价格与费率经济规制方式，确保住宅建筑质量等。

世界住房干预理论与实践研究（郭建波，2007），着重研究了亚洲、欧美各国住房政策目标的建立工具的运用及政策的演变，发现各国各具特色的住房政策体系，是根据本国不同经济发展阶段的实际情况而制定的，国情决定住房类型、住房目标形成及特定的住房调节工具。

王松涛（2009）应用干预分析和平行数据分析等时间序列模型，就本轮住房市场政府干预的土地政策、货币政策和期房政策三类主要政策工具在六重点城市的效果进行的整体评价得到以下主要结论：（1）2003 年下半年，启动本轮住房市场政府干预的时间点非常及时和必要。本轮住房市场政府干预是在我国住房市场化改革的过渡阶段，住房保障体系尚未成熟，宏观经济出现过热态势，部分地区出现房价剧烈波动以及住房有效需求快速增长，有效供给相对不足的背景下启动的。（2）多数全国性政策工具对重点城市房价有显著的长短期干预效果，尤其是国务院的两次综合干预以不同的形式和力度抑制了房价增长，但 2005 年以前中国人民银行信贷政策和国土资源部土地交易制度改革并未有效平抑房价。（3）政府干预的有效性不断提升，但全国性政策工具对不同城市的作用力度有显著差异，表现为对二线城市房价的抑制作用明显高于一线城市。整体来看，本轮住房市场政府干预对天津和重庆两个二线城市的房价有明显的抑制作用，但并未平抑北京、上海、广州和深圳等一线城市的房价。（4）我国城市住房供给较无弹性，2004 年土地交易制度改革等土地政策工具进一步降低了住房供给弹性和土地供应量，是推动城市房价出现跃迁式上涨的重要原因。（5）紧缩型货币政策可有效抑制住房价格和住房投资的增长，且对住房投资的抑制作用更强。近年来提高银行存款准备金率的政策有效降低了房价增速，但通货膨胀率升高则降低了通过提高存贷利率平抑房价的有效性。(6)期房市场具备对现房市场价格水平和价格波动性的稳定效应。(7)区域市场的城市房价间具有稳定的长期关系，北京、上海等十个“核心城市”的房价变动可显著影响区域内其他“非核心城市”的房价变动，通过实施差异化的政府干预策略，可以优化政府干预的效果。

5. 房地产开发行业管理研究

房地产行业管理是政府有关主管部门为使整个房地产业健康发展，通过行政手段和一定的组织形式，对房地产业各种经济活动进行有效的政策领导和监督（汤树华，1992）。广义角度看，政府对开发行业管理也是微观规制的组成部分，主要是通过对企业市场进入管制进行管理。政府对房地产的行业管理对规范企业行为，保证开发的顺利进行有重要作用。政府对房地产开发相关行业管理的研究不多，主要集中在如何充分发挥行业协会的自律作用。

（1）政府与行业协会的关系。20 世纪 90 年代末我国行业管理的主体由政府部门逐步转给行业协会。主管部门对行业行政管理是由法律法规确定的，具有强制性；行业协会的管理是协会章程规定的，是参加协会的企业自我的管理与约束。所以，两者是相辅相成的关系，不是从属关系。在具体实施中，何者为主、何者为辅，应由市场经济的发展和行业经济的成熟程度来决定。在目前转轨阶段，行业管理也应表现为政府部门向行业协会的过渡。行业管理的操作上，行业行政管理和自律管理两者应各司其职，各得其所（孙逊，1999）。

（2）行业协会特点。经济转型期行业协会功能优势为协调成本低廉、信息比较充分、培育诚信观念。我国转型期行业协会的基本特征为对政府有比较强的依赖性，独立性比较差，行业协会的发展趋向为自治性的民间组织。对房地产行业来讲，房地产业协会大有可为，要尽快建立自主和自治性的房地产业协会（黄燕、贾俊丽，2003）。

（3）行业协会自律。从发达国家和地区的经验看，房地产业分为私人产业、专业组织和行业协会以及公共行业三个层面，对应企业微观管理、行业协会自律的中观管理以及政府对房地产行业的宏观管理三层面的管理。从促进政府职能的转变、适应房地产市场的变化、自身职能看，加强房地产行业协会自律具有必要性（张冀、王学才，2006）。

1.3.1.2 房地产开发政府失灵问题研究

我国已初步建立市场经济条件下政府管理的体系，对房地产发展进行了卓有成效的管理，但市场失灵、政府失灵的现象依然存在，影响了房地产可持续发展，为此，很多学者对政府失灵问题进行了研究，主要集中在政府管理存在的问题以及原因等方面。

1. 房地产开发政府干预存在的问题

从对房地产开发造成的不利影响角度研究发现，政府干预问题主要体现在政府干预的机制、宏观调控、土地管理、规划管理等方面。

杨波和杨亚西（2006）认为在城市土地国有的制度安排下，城市房地产问题的真正症结在于政府管理，当前我国政府管理城市房地产存在错位、越位和缺位等突出问题。骆汉宾（1998）认为，宏观调控乏力、职能部门管理方式落后、监督机制不完善导致政府管理机制不完善，是房地产开发政府管理存在的主要问题。房地产开发不规范在很大程度上源于政府管理的不规范（贺伯锋，1998；罗龙昌，1999）。我国房地产业宏观调控存在的问题，是房地产宏观调控手段单一，房地产宏观调控机制不成熟，计划手段调控的思路仍占主导地位（张英佩，2006）。岳等（2010）认为房地产调控政策仍存在短期性、相机性、非均衡性等问题。

我国目前存在土地收益分配和监督机制不健全、土地规划难以落实、土地政策缺乏与其他宏观调控手段配合等问题（黄凌翔、陈学会，2005）。我国地方政府管理存在的问题：一是压低地价甚至以零地价"招商引资"与商品房用地批租，却追求土地收入的最大化的地价二元化供地模式、二是土地使用与房价的监管不严、用地透支给予开发商囤积土地的机会；三是规划超编、监管力度不够导致土地收益外溢；四是一些地方政府大量土地的收益没有完全进入财政口袋有些收益则成为少数人腐败的源泉；五是中央政府与地方政府的利益矛盾问题（王成，2006）。房地产规划管理存在的问题：规划编制滞后于房地产开发，规划变动问题较为突出（主要体现在开发企业变动项目规划、政府变动规划），政府内部以及与企业在规划管理上缺乏信息沟通（唐晓莲、魏清泉，2006）。

2. 房地产开发政府失灵原因研究

对于房地产政府管理失灵原因，很多学者进行了研究。主要认为，失灵的原因主要是由于政府管理体制、调控手段、调控能力、制度缺失、地方政府行为、政府价值观扭曲等几个方面存在问题。

（1）管理体制不完善。政府调控能力和管理体制存在着缺陷，不能适应房地产发展需要（隋振江，1995）；在我国特定的土地产权制度下，因现行法律制度和行政体制不完善等原因，造成政府这一特殊市场主体行为偏离社会公共利益需要，导致房地产市场出现土地供应不足或供应过度、土地成本和土地供应价格不遵照市场机制运行和市场不能通过价格信息来自行调节等市场制度性缺陷（黄晓忠，2002）。我国房地产市场中政府行为、政府干预政策及其实施过程都存在很多缺陷，而政府的某些行为给市场传递了错误的信号，如政府的某些干预行为违背了市场规律造成社会福利的损失，政府的调控政策缺乏稳定性和科学性，中央政府与地方政府的博弈影响了调控效果，使市场主体难以形成理性预期，最终导致我国房地产市场的调控效果偏离调控目标（俞露，2008）。

（2）调控手段不一致。中央和地方政府在产业调控上存在不一致的现象，在调控手段的运用上存在不足和欠缺，如行政手段运用方面"一刀切"现象严重，法律手段运用水平有限，经济手段运用效果不够明显等（刘宝香，2005）。目前的房地产调控没有考虑到公众的预期，政策在时间上的不一致性造成了政府调控目的无法实现（孙寒冰、李世平，2005）。

（3）政策体系不协调。我国房地产宏观调控有效性不足的症结所在是没有一个相对稳定、完善的房地产宏观调控政策体系。政策体系内部子政策之间缺乏协调，部分政策缺位，政府没有明确自身在调控中的职能。在政策制定过程中没有前瞻性，政策制定不能因地制宜，在政策执行中，中央政府没有给予地方政府适度的授权，缺乏执行的积极性，在中央政府、地方政府、房地产开发商的博弈中，政策执行缺乏应有的力度。政策监控措施没有新举措，检查组式监控模式容易造成"上有政策，下有对策"的局面。而所有这些问题的出现可以归结为在政策目标确立以后，目标和效果之间缺乏一个有效的桥梁，也就是说政策工具选择存在问题（韩万渠、姜福，2006；曹剑光，2007；朱宇、尹宏祯，2006）。

（4）政府行为偏离社会利益。主要观点认为政府对房地产的调控存在行为不当的问题。现实中政府某些"当事人"在制定和实施政策时以私人利益为重，忽视社会利益和公共利益的最大化；政府的决策经常受到压力集团的影响，这些代表某些既得利益集团所施加的压力，会使政府的政策经常背离理想的资源配置目标；政府的决策很难获得完全信息，不完整的甚至错误的信息都可能使政策产生负面作用（李朝晖，2002；唐茂华，2005；方梅、王剑秋、宋生华等，2006）。

除上述主要原因外，还有学者认为政府对房地产开发的调控失灵是由于政策周期（何国钊、曹振良，1996）、权利主体虚置、政府管理越位和缺位等方面的原因（张华、陈朋，2007；刘长发，2007）。宏观调控目标的模糊性和摇摆性、部门的自利性、中央政府和地方政府的非合作博弈、房地产宏观调控缺乏信息支持系统和定量分析系统支持是影响房地产宏观调控有效性的原因（余凯，2008 年；赵奉军，2011）。

1.3.1.3　*房地产开发政府干预有效性问题研究*

在对房地产开发政府干预存在的问题及原因研究基础上，如何能使政府干预更加有效，以纠正市场失灵与政府失灵，很多研究人员从管理思路与政策措施方面进行了研究。

1.3.1.4　*房地产开发政府干预思路*

关于房地产政府干预管理的思路，主要观点是政府干预与市场机制相结合，以适应市场经济要求，协调调控手段、规范政府行为等方面。

（1）政府干预与市场机制相结合。

我国房地产市场发展应以其内在市场机制为导向，以严格一级市场、扶持二级市场、控制三级市场为原则，充分发挥政府部门对房地产市场宏观调控机制的作用，做到政府干预机制“对症下药”，促使房地产市场健康、稳步发展（刘长发，2007）。应深化政府管理体制改革，以服务于市场为出发点，以转变职能为落脚点，以提高整体效能为目标，构建市场调节与政府调节相互配合、协调运行的房地产市场调控体系（隋振江，1995）。政府干预应以我国的现实国情为根本，对西方国家的成功经验加以选择性、创造性借鉴（韩万渠，2006）。

（2）协调调控手段，规范政府行为。

政策工具的选择不是简单的政策工具组合，政策工具的选择运用是一个系统工程，各政策之间有一个互相制衡、互相协调的结构，应该构建一个完善的政策体系以及政策运作机制，才能够使各个政策充分、有效、适时的发挥自身的优势（韩万渠，2006）。应建立政府宏观调控的长效机制，建立和健全房地产产权制度、继续推进房地产经济体制改革以及城市经济体制改革，建立和健全与我国房地产市场经济相适应的宏观调控体系（刘宝香，2005）。多种因素决定了我国房地产调控的难度比其他任何国家都要大，房地产调控应加强部门之间、中央与地方之间的协同，对包括土地、财税、金融、行政等各种调控政策"工具包"进行组合使用，并根据各地情况有针对性的灵活运用（仇保兴，2010）地方政府对房地产市场有很大的影响，房地产宏观调控的关键在于刚性的落实，在于地方政府贯彻落实房地产调控政策的执行力。因此，地方政府应该尽快完成角色转换，在新一轮的房地产宏观调控中发挥其积极作用，在房地产调控中有所作为，以期标本兼治、稳定房价，促进我国房地产市场持续、健康、平稳发展（韩万渠，2006）。宏观调控应从完善国家房地产市场法律保障和运营体系着手，用完善的房地产市场法律保障和运营体系代替政府对房地产市场以行政命令为主的宏观调控手段，减少政策的波动性；在遵循资源与人类可持续发展原则上强调合理进行城市整体规划的重要性，减少大城市资源过度失控；建立健全低收入人口住房保障体系；完善我国房地产金融发展模式（贾兰，2005）。

1.3.1.5 房地产开发政府干预措施

针对城市房地产开发及政府干预存在的问题，很多学者从规范化管理及宏观调控的角度提出了自己的观点，主要研究成果集中在综合调控政策、价格调控政策两个方面。

（1）房地产开发规范化措施、对策的研究。

主要观点认为：①政府规范房地产开发应从土地供应管理、房地产开发秩序和法制建设三个方面进行；②规范房地产开发需要做好三项重点工作，即提高房地产开发企业的竞争力，完善开发土地供应机制和推进房地产开发的法制建设；③房地产开发宏观管理应运用投资计划，开发资质等管理工具加速行业规范化、法制化进程；④对于规范房地产管理的具体措施，在开发项目管理方面要加强投资计划管理，研究建立一套住宅项目审批的评价指标体系、评价标准；土地要加强土地总量调控，建立住宅用地储备制度（张旭，2001；于荣宁，2003；刘艳丰，2005）。

（2）采取协调的综合调控政策。

李朝晖（2003）对香港和大陆房地产业政府管理与政策进行了比较研究，对大陆房地产业政府管理的政策建议：①改革现行的房地产管理体制。在构建新的房地产业管埋体制时还应该做到：一是房地产决策机构与房地产管理机构要分离，即凡涉及土地、房屋、城市规划等方面决策的事务，应由专门的决策机构负责，而房地产管理机构只承担日常行政管理职能；②建立完善的房地产法律体系，加大执法力度；③强化政府在解决中低收入家庭住房问题中的主导地位，完善住房保障体系；④大力发展政策性房地产金融的同时，为房地产金融证券化创造良好的条件；⑤加强政府自身建设，规范政府行为，防止政府失灵。

刘宝香（2005）针对我国政府在房地产业发展中的调控问题，对建立健全我国房地产宏观调控体系的措施与建议为：建立健全房地产产权制度、理顺房地产价格关系，进一步加强房地产经济体制改革，进一步加强城市经济体制改革，建立健全与我国房地产经济相适应的宏观调控体系。要正确运用宏观调控的具体方式和手段、注意房地产宏观调控措施的“差异化”与弹性、重视房地产宏观调控的综合效应。解决房地产业结构失衡的关键在于实行两级政府联动，强化宏观管理和微观管理。其长效机制还在于构建和谐的城市体系和合理的房价梯度（唐茂华，2005）。应协调土地政策与其他宏观调控手段、完善中央政府对地方政府的考核和监督机制、完善农村土地制度、建立科学的规划体系、完善土地供应计划、加强国土资源管理部门内部建设等（黄凌翔、陈学会，2005）。

针对高房价和高空置率并存的干预手段：加大对闲置土地的处置力度，加强对房地产开发建设周期管制，对开发商统一开征物业税，降低市场准入门槛。针对房地产市场结构矛盾的干预手段：金融、财政政策调控、规划方案管制、优化不同区域土地供应结构、提供真正经济适用的公共住宅等。针对房价上涨幅度过大的干预手段：建立房地产市场信息披露制度、增加房地产开发土地供应、期房交易管制、税收调节。从纠正制度性缺陷，平衡政府作为市场主体和干预者两种角色之间的关系，可以从以下几个方面入手：理顺地方政府的利益分配机制、改革中央政府对地方政府官员的考核指标、改革和完善房地产开发土地供应的市场配置机制（黄晓忠，2006）。

（3）价格调控应打“组合拳”。

住房价格是反映房地产市场状况的一个综合指标，因此，许多学者建议从多个方面共同来遏制房地产价格的快速上涨。

在土地制度上，建议宜盘活存量土地，完善土地供应办法，增加用于商品住宅的土地供给；在税收上，宜进行深入的结构性调整，加强税收的调节作用抑制短期炒作行为，控制投资性购房，建议内地开征级差利得税，政府可以考虑对购买商品房后短期即转让的所得税课以高税率（韩万渠，2006）。出让住房项目国有土地使用权之前需要完善城市规划和土地开发计划、住房建设规模，确定开发地块及其设计限制条件，按照地块设计限制条件组织招标，住房项目国有土地使用权的双向招标制度（李加林，2006）。

除灵活、综合运用金融、土地及税收政策调控和管理房地产业外，在当前，对影响房地产经济活动的非政策因素上还应注意以下问题的控制：首先，对地方政府行为的控制，树立科学的发展观和正确的政绩观，落实稳定房价责任制，消除地方保护主义，迫使地方政府从对房地产的深度介入转为适度远离；其次，对开发商及银行的控制，要加强对房地产开发商违法打击力度，执法要严，加强对银行等金融机构的执法监督力度，扼住投资商的资金命脉；然后建议加强公共住房保障体系，加强廉租房建设；最后，为了加强对房地产市场的运作的调控，建立一个公正、公平、公开的市场运作机制，促进房地产市场健康发展（贾兰，2005）。

1.3.1.6　国内研究文献分析

回顾国内城市住宅开发政府干预相关研究，虽然以往的研究在住房政府干预很多方面进行了探索，也初步考虑了调控的系统特点，进行了某些方面的研究，并且提出了一些系统管理的建议。但是，专门把城市住宅开发政府干预进行深入系统研究的比较缺乏。

1. 房地产开发政府干预相关问题研究方面

总结房地产开发政府干预相关问题研究文献，发现对城市住宅开发政府干预缺乏从系统角度、针对政府干预内容进行的研究。房地产政府规范化体系及目标的研究具有系统研究的特点，但它主要针对当时房地产政府管理制度不健全的状况，从制度建设、规范政府管理行为的角度进行研究，强调的是政府管理的制度健全与管理行为的规范。而当前政府干预的状况是已经初步形成了健全的法律法规体系，研究的重点应关注如何使这个体系更好地发挥作用。根据文献的情况，我国对政府干预的重要组成部分——房地产宏观调控体系的研究已经比较深入，另一重要部分——政府微观管制虽然已经有初步系统的研究、但与宏观调控的研究相比还很不全面。而把由房地产宏观调控与微观管制组成的政府干预作为整体进行统一的、系统的研究，特别是与具体城市住宅开发政府干预行为结合起来的研究还没有，所以城市住宅开发政府干预系统研究还是需要深入研究的领域。

此外，已有的房地产宏观调控体系与微观管制范围的研究对本文干预系统的构建提供了基本理论支撑，住宅开发政府管制的研究结论为城市住宅开发政府干预问题分析提供了部分理论依据。

2. 房地产开发政府失灵问题研究方面

分析该方面文献发现，对于政府失灵的原因，已有比较全面深入的研究。已经非常明确指出房地产的问题真正症结就是政府问题，政府的管理机制、土地管理、规划管理、城市规划管理存在问题，指出政府管理体制、调控手段、调控能力、制度缺失、地方政府行为、政府价值观扭曲等几个方面的问题导致政府失灵。其中的一个原因，房地产宏观调控政策体系不协调、政策缺位的系统性特点已经被点明，但没有从系统角度，特别是城市住宅开发方面的管理政策进行更深入研究。此外，缺乏从规范住宅开发角度对城市住宅开发政府干预的宏观调控、微观管制各种手段措施进行全面、深入的研究。因此，从系统角度对政府调控城市住宅开发的各种手段、措施存在的问题及政府失灵的原因进行研究，对丰富城市住宅开发政府干预知识非常有必要，对指导政府干预实践非常具有价值。

3. 城市房地产开发政府干预有效性研究方面

综上研究发现，关于城市房地产开发政府干预有效性的研究已经非常丰富，不同研究人员提出了很多综合的管理思路、有价值的管理措施建议，如采取协调的综合房地产宏观调控政策思路、多个方面措施共同遏制房地产价格上涨的“组合拳”思路、规范化管理的思路，调控土地供应、完善房地产决策机制、限制地块设计条件与住房项目国有土地使用权的双向招标措施等观点奠定了本文的研究基础。但是，已有研究更多从笼统房地产问题出发或者关注某一方面如房价问题，主要是从规范化或宏观调控来提出思路与措施，忽略了各种措施可能对管理目标造成的冲突。没有从城市住宅开发经济、社会、环境总目标出发，从协调政府宏观调控与微观管制各种手段角度出发，来提出调控思路与措施。

因此，从完善城市住宅开发政府干预的角度，以城市住宅开发政府干预系统为对象，在城市住宅开发政府干预总目标指引下、统筹考虑房地产宏观调控与住宅开发政府微观管制、兼顾政府管理规范化方面进行研究，对住宅开发可持续发展的政府干预有重要价值。

1.3.2 国外文献综述

西方发达国家市场经济比较成熟，有关法律法规比较全面、规范；国外土地制度基本上是土地私有制，国家没有所有权，土地的供求基本上是靠市场进行调节；大部分西方国家已经渡过了房地产快速发展时期，房地产增量市场的建设规模不大，住宅产业化水平与住宅的品质比较高。在这样的背景下，对市场经济条件下有关房地产开发政府干预的研究不多。文献检索发现，有关的研究主要涉及住宅市场政府干预的必要性与干预手段、政府在房地产市场中的角色与作用效果，较多的研究集中在政府管制、政府税费对房地产市场及房地产开发的影响上方面。

1.3.2.1 住宅市场政府干预的必要性、手段及作用效果研究

与房地产开发干预有关的研究涉及了住宅市场干预的必要性、手段、职能、效率、作用及效果方面。

1. 住宅市场政府干预管理的必要性与方式手段

政府应该介入住房市场，因为在效率、外部性、规模经济、公平等方面能消除市场失灵。Grigsby（1977）认为政府干预能解决住宅市场分配无效率的问题及强化住宅外部标准，促使经济规模的实现，消弭住宅市场的外部不经

济，确保居民最基本的住宅消费水准，提供民间部门不愿提供却与住宅消费关系密切的其他财货或设施，促使所得与财富的再分配，稳定国家整体经济，建立住宅市场运作规则，促进其他非住宅目标的达成；能在内部收益（如提高劳动生产率、健康状况、减少犯罪等）、外部收益、时间－空间－部门之间的分配等方面有益处（Burns、Grebler，1977）；住房市场中存在市场失灵必须由政府对这些市场进行干预（Hills，J.，1991；Whitehead C. M. E，1993）；由于管制对土地税收的影响，Wheaton 和 William. C（1993）认为应对开发地块的规模进行限制；能纠正住房市场的内在不平稳性对国民经济的波动影响，改善市场体系对经济增长的非最大化影响（Clapham，1996），实现住房目标；因为政府的干涉改变需求和供给，可以满足那些失灵的部分（G. Keogh，1999）；能保护消费者，缓解外部性，收入分配和追求公平机会等方面起作用（Quigley，1999）；在提供稳定的社会和经济环境，创造让住房和相关抵押贷款市场运行的法律规章，取消抑制市场活动的住房政策或其他制度性的政策，提供明智的建筑规制和土地利用规划框架，将支出集中在基础设施而非对住房的补贴和税收减免上，确实需要政府的行动（Ball，2003）。

政府采取各种方式手段对住房市场进行干预。Lundquist（1992）指出政府干预住房的供给方式有：土地、劳动、资本的管制，生产补贴，质量和数量的管制，资本费用融资、进入市场管制，售价管制等。Turner 和 Malpezzi（2003）指出，政府干预的主要形式有：财产权利、契约的定义和执行、税收、补贴、直接的公共供给以及管制。罗森（2005）指出，美国住房市场受到各级政府大量、难以置信的干预，包括：为建设者设定必须满足的质量标准的住房法规；规定既定范围内的土地只能用于某种用途的独有的城市规划，禁止住房销售歧视的开放性居住法；租金管制；抵押贷款制度的利息率和其他管制；城市更新方案，使社区运用征用权来获得城镇土地、消除‘贫民窟’和将土地卖给私人开发商；不动产税收；干预信用市场来增加流入住房建设的贷款。

2. 政府在房地产市场的作用及效果

B. G. Park（1998）以韩国和新加坡为例，论述了政府在房地产市场中的作用和角色。一些学者为政府在转型经济中发展房地产市场应承担的职能建立了较为系统的理论框架，指出政府首先应该承担有限的角色（Gavin Adlington

等，2000）。查尔斯·H. 温茨巴奇等（2001）研究了房地产的政府参与，认为美国政府介入了房地产业的公共政策目标、政府干预的领域及职责，地方政府及联邦政府采取了税收、规划管制以及信息服务等多种管理手段。

Berry、James Berry、James 等（2001）研究对住房市场采用税收手段进行政府干预的冲突效果，讨论了调控爱尔兰住房市场需求措施的财政政策的作用，考虑到较高的经济增长环境、不稳定的价格上涨以及住房所有者承受的来自投资者行为的压力，认为立法管制的短期影响能很快被市场影响消除。Mostafa Morsi El Araby（2003）调查了埃及州政府在城市居住区和城市住房的土地供给及价格中的角色，认为主要是政府干预影响了土地供给和价格。Gruis、Vincent、Nieboer、Nico（2007）通过欧洲四国和澳大利亚为例对社会住房的资产管理的政府管制与市场方向问题进行了研究，认为：在所研究的国家中大多数的房东有一定程度的自治倾向一个更市场化的资产管理。相反，假设给予市场力量更大的自由度和降低政府影响与支持，房东自身而不是国家操控会导致更加市场化的资产管理。

1.3.2.2 政府干预对住宅开发的影响研究

国外对城市住宅开发政府干预有关的研究较多集中在政府管理与房地产各方面影响及关系方面的研究，主要涉及政府的土地利用管制、城市规划、政府税费等对住房价格、房地产开发等关系及影响等方面的研究。

（1）土地、城市规划管理、影响费对住房价格方面影响方面的研究。很多研究人员认为土地使用规制及城市规划管理限制了土地的供应，抬高了住房价格。具有上述观点的研究人员有 Mayo and Sheppard's（1996）、Stephen Malpezzi（1996）；Green. R . K（1999）进一步研究了土地使用规制对城市土地价格影响的问题，认为土地使用规制提高了土地价格和房屋成本；Fischel（1990）研究了地方政府的增长控制的管制手段对住房价格的影响的效果与效率，用非正式动力学模型验证了“城市增长控制政策对城市房地产价格有正的影响”的假设。研究认为开发影响费对住房价格的影响，如 McFarlane's（1997）认为开发影响费提高了住房价格；Keith R. Ihlanfeldt and Timothy M. Shaughnessy（2004）通过预测开发影响费对单户家庭增量与存量住宅价格与未开发土地的影响效果，认为影响费会提高增量与存量住宅的价格但会降低土地的价格。

（2）土地、城市规划管理对住房供给、开发等方面影响方面研究。Mirrlees. J. A（1972）认为，在住宅区密度方面可能存在市场失灵，在缺乏适当的土地规划机制、控制住房密度机制、以及个人土地所有者产权的情况下，土地就会被超密度开发。Mark. J. H and M. A. Goldberg（1986）认为分区对住房价值有很大的影响，进而影响新住房的供给。英国的 Cheshire. P. and Sheppard（1989）考察了土地使用控制对供给以及对控制严密和控制宽松的两个区域住房的影响，认为对土地供应有限制作用、且严格控制区域的控制造成了土地租金的减少。Thorson（1997）研究了城市规划对住房建设的影响，认为短期不会对建设数量造成影响，但长期使建设数量减少。C. J. Mayer（2000）研究认为土地管理降低了房地产增量的数量。T. Ch. Lin 和 A. W. Evans（2000）探讨了当地块狭小时地价与规划的关系，认为单位地价随地块规模是增加的；Eddie Chiman Hui（2001）研究了香港政府如何通过变更发展情况发挥它在当地的私人住宅的市场中的影响力，认为通过放松管制增加物业的供给。JunJie Wu, and Seong－Hoon Cho（2007）文章测算了美国 5 个州土地利用管制对土地开发的影响，认为管制降低了熟化土地的供应总量。

1.3.2.3　国外研究文献分析

国外城市住宅开发政府干预相关研究，主要集中在住宅市场政府干预管理的必要性与方式手段、政府在房地产市场的职能作用及效果、政府干预对住宅开发的影响方面。这些研究成果是基于西方发达国家的充分市场经济、土地私有制条件的背景，不完全适用于我国的情况。但市场经济条件下，国外政府对房地产干预必要性的观点说明研究城市住宅开发政府干预是符合市场经济规律的、是有价值的。国外政府管理采取的多种干预手段措施对本文有启发作用，即对于城市住宅开发政府干预这种人为的系统，要针对开发面临的具体环境，采取多样的符合市场经济规律的手段。

国内有关城市住宅开发政府干预的研究在某个方面的某个问题上取得了一定的成果，但缺乏总体性、系统性的研究成果。由于各国国情不同，国内外研究关注的重点不同，已检索的国外文献尚未发现对这个方面的专门研究。城市住宅开发政府干预系统研究是研究的一个空白，因此，本文提出的问题具有一定的研究价值。

1.4　问题的提出及研究内容

1.4.1　问题的提出

从前面的阐述中已经看出，城市住宅开发与民生问题、资源节约型社会、服务型政府的要求还存在较大差距。而政府在城市住宅开发管理活动中是导航者和调控者，政府对城市住宅开发的健康持续发展具有重要的影响。

本文拟根据政府在城市住宅开发活动中的角色、作用，从政府干预的角度纠正政府失灵，引导企业走向规范化的房地产开发道路。因此，本文主要对以下问题进行了研究：

（1）城市住宅开发政府干预总目标、指导原则和总体模型；

（2）如何完善城市住宅开发政府直接调控以实现城市住宅开发可持续发展；

（3）如何完善城市住宅开发政府间接调控以实现城市住宅开发可持续发展。

1.4.2　研究内容

城市住宅开发政府干预是一个目标多元、内容丰富的体系，涉及的内容非常多。本文主要从纠正市场失灵、规范行业发展的目的出发，主要对城市住宅开发政府宏观调控、微观规制、行业管理等政府干预管理相关内容进行研究。研究内容主要涉及了住宅开发前城市地方政府住宅土地供应管理、城市规划管理，开发实施过程中政府对开发行业的管理，以及影响开发前后整个过程的财税、信息公开的管理。城市住宅开发政府干预的目标、政策、行为措施构成了一个系统，因此，本论文拟从系统的角度对城市住宅开发政府干预进行研究。

根据研究的问题，本文的研究内容包括以下五个方面：

（1）城市住宅开发政府干预管理状况分析。包括城市住宅开发政府干预现状、存在的问题和原因分析。

（2）政府干预总体目标、指导原则及总体模型。在分析城市住宅开发可持续发展要求的基础上，根据政府管理理论对城市住宅开发政府干预总体目标、指导原则进行了研究，并构建了城市住宅开发政府干预总体模型。

（3）城市住宅开发政府直接调控子系统的研究。包括政府实施干预的城市规划管理、土地供应等涉及宏观调控、微观管制的手段措施及管理制度。

（4）城市住宅开发政府间接调控子系统的研究。对住宅开发行业管理、税收征管、信息公开等手段进行研究和完善。

（5）城市住宅开发政府干预实例分析。包括：实例城市住宅开发政府干预简介、干预系统构成、存在的问题及改进建议。

1.5 研究目的与意义

1.5.1 研究目的

本文研究最主要的目的是通过对城市住宅开发政府干预的状况和问题分析，提出改进措施，进而促进城市住宅开发的可持续发展，纠正市场失灵与政府失灵。具体来讲，包括以下几个方面。

（1）对城市住宅开发及政府干预总体目标、指导原则和总体模型进行研究，为政府系统干预提供指导。

（2）通过对城市住宅开发规划管理、土地供应的研究，针对政府在城市住宅开发直接调控子系统存在的问题提出可行的对策，以利于提高政府直接调控的效果。

（3）通过对城市住宅开发财税调控、信息公开、行业管理的研究，提出对城市住宅开发行业管理、财税调控、信息公开等干预手段的建议，以便更好地与直接调控手段相配合，更好地发挥政府干预的作用。

1.5.2 研究意义

本文对城市住宅开发政府干预问题进行了问卷调查，统计发现：在被调查的房地产开发相关的政府管理人员、开发企业专业人士及研究人员中，选择对城市住宅开发管理很了解与有一定了解比例达到82%，而其中93%的调查者认为对城市住宅开发，政府应该或者某些方面应该进行干预，只有15%的人对城市住宅开发的政府干预表示满意。在认为影响程度最大的房地产开发可持续发展的因素调查中，有72%选择城市地方政府、68%选择中央政府、64%选择省级地方政府、48%选择是开发企业，说明影响房地产开发的重要因素是政府，而不只是社会上口诛笔伐的开发企业。因此，本文的研究具有一定的价值，在理论、实践、社会方面具有重要意义。

1. 理论意义

城市住宅开发政府干预研究以系统思想为指导，把系统分析方法等理论运用到城市住宅开发的干预中，拓展了系统科学理论在城市住宅开发政府干预及行业管理领域的运用。本文还以政府管理理论、系统论、中间组织理论等为依据，对城市住宅开发政府干预的总体目标、指导原则、总体模型和直接调控子系统、间接调控子系统进行了研究，为政府科学干预提供了理论支撑。

2. 实践意义

城市住宅开发干预管理是当前我国城市经济和社会发展所不能忽视的重要工作。当前，从中央到地方，从住房建设部门、土地部门、规划部门到财税、金融等部门，一直到全国各地的城市地方政府，都在为住房建设、房地产市场调控、规范企业行为进行探索实践。特别是在提倡建设服务型政府的背景下，如何针对我国的国情和各地不同情况完善住宅开发政府干预管理系统，具有较好的实践意义。

3. 社会意义

城市住宅开发既是经济问题也是社会问题，本文的研究为解决居民的住房问题，保障“居者有其屋”，保持经济、生态及人文环境的和谐发展具有重大的社会意义。

1.6 论文结构

根据拟解决的关键问题和研究内容，本文的逻辑结构如图1.3所示。

提出问题
第 1 章 引言
（提出问题）
第 2 章 城市住宅开发政府干预相关理论
分析问题
第 3 章
我国城市住宅开发政府干预状况分析
研究和解决问题
第 4 章
城市住宅开发政府干预总体目标与总体模型
第 5 章
城市住宅开发政府直接调控子系统
第 6 章
城市住宅开发政府间接调控子系统
第 7 章
案例研究
得出结论
第 8 章
结论

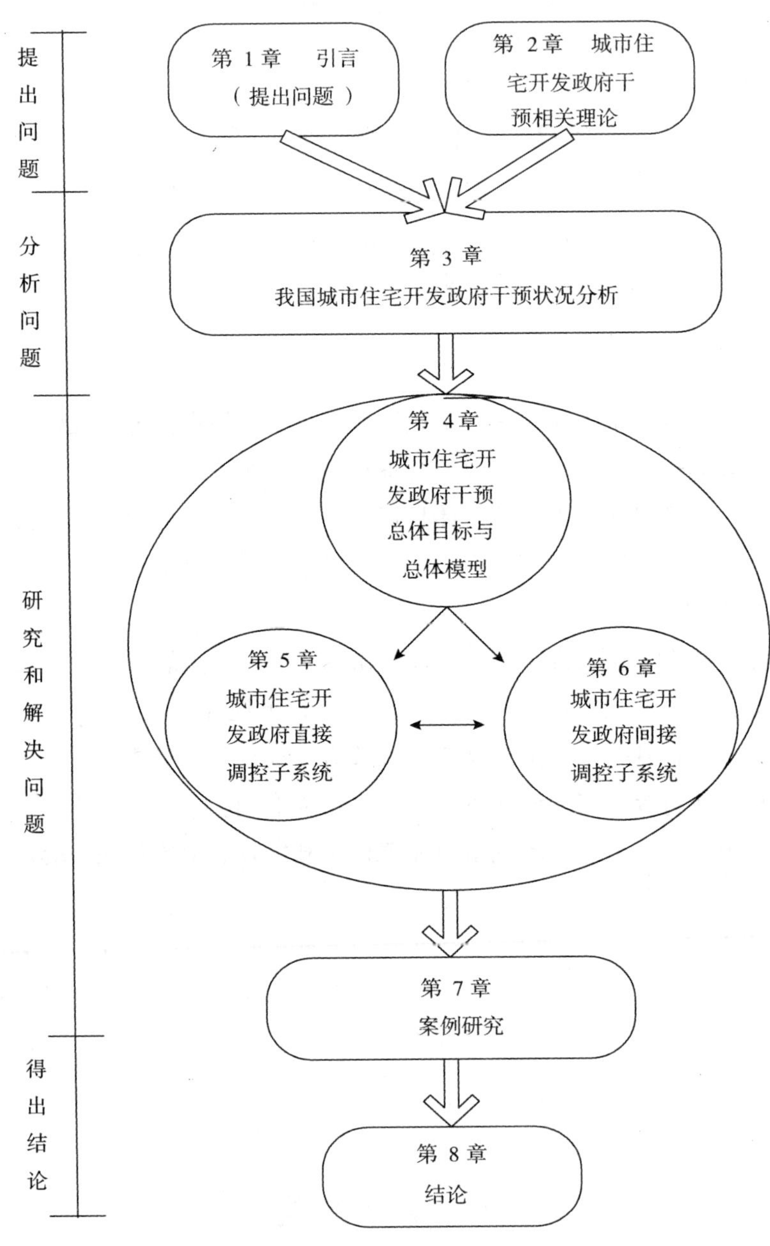

图 1.3 论文结构

在第1章确定了本论文研究意义的基础上，第2章分析了城市住宅开发政府干预研究的理论支撑。第3章详细分析城市住宅开发政府干预的状况和存在的问题，分析政府管理失灵的原因，提出下一步要解决的问题。第4章主要对城市住宅开发政府干预总体目标、指导原则进行了研究，并构建了城市住宅开发政府干预总体模型。第5章、第6章分别对城市住宅开发政府干预两大子系统进行了研究。第7章对济南市城市住宅开发政府干预实例进行了研究，分析了济南市城市住宅开发政府干预系统构成、存在的问题，并提出了干预建议。最后对本文研究内容进行了总结，得出主要结论、主要创新点和不足。

1.7 研究方法与技术路线

1.7.1 研究方法

城市住宅开发政府干预的研究是一项理论与实践结合紧密的课题。这一课题涉及多门学科，内容比较广泛，需要系统的、科学的研究方法作为指导。本文的研究方法主要有以下几个方面。

1. 系统论方法

本文用系统论方法的思想分析城市住宅开发政府干预问题产生的原因，并构建政府干预总体模型、提出解决问题的方案，它是贯彻本文研究的主要方法。

2. 规范分析与实证分析相结合方法

规范分析是要说明“应该怎样”的问题，实证分析是从客观角度说明“是怎样”的问题。在本文中，对政府干预的问题及部分手段效果的论证是用实证分析的方法，而对城市住宅开发政府干预的措施建议是从规范分析的角度提出的。

3. 问卷调查分析方法

城市住宅开发政府干预系统研究中，有定量性问题又有大量的定性问题，并且很多问题纠缠在一起，难以用定量模型与数据进行说明。为此，本文根据研究对象的特点、针对主要研究内容设计了调查问卷，走访政府有关部门与开发企业，发放调查问卷，获取了第一手资料，为研究结论提供支持。

4. 案例分析方法

由于住宅市场具有地域性特点，相同体制环境下的城市住宅开发政府干预既有共性，又有个性。本文以具体城市住宅开发政府干预实践为例，应用调查访谈与文献资料分析的方法，根据本文研究成果，对特定案例城市住宅开发政府干预系统进行剖析，分析系统构成、指出存在的问题，并提出改进建议，旨在说明成果的应用情况。

1.7.2 论文技术路线

本文按照如下技术路线进行研究。如图 1.4 所示。

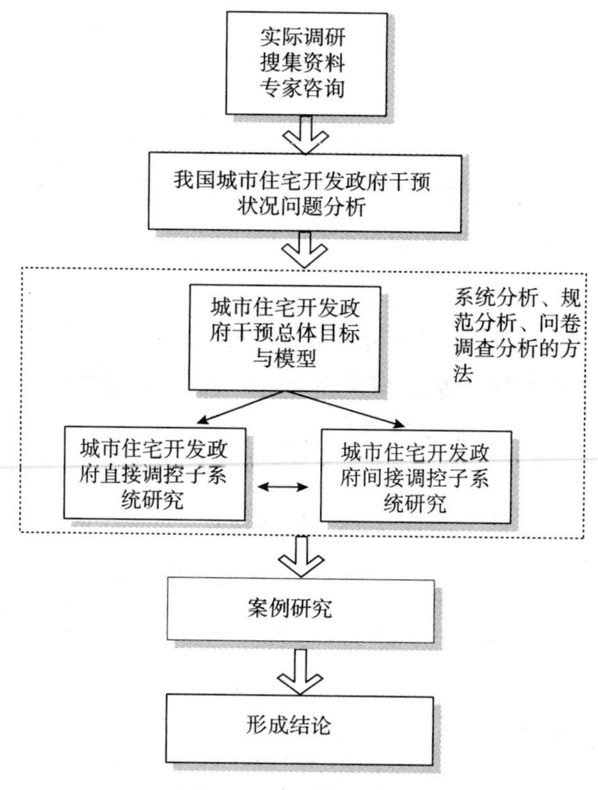

图 1.4 研究技术路线

通过实际调研、搜集资料和专家咨询，对城市住宅开发政府干预的现状和问题进行分析，然后根据系统论方法确定了城市住宅开发政府干预总体目标、指导原则，构建了城市住宅开发政府干预总体模型。根据系统分析、规范分析、数量分析、调查分析的方法对城市住宅开发政府直接调控子系统和间接调控子系统进行研究，提出改进措施。在此基础上，以济南市为例说明成果应用情况，最后形成结论。

第 2 章　住宅开发政府干预相关理论

本章将对住宅开发政府干预研究依据的政府管理理论及其他有关的经济管理理论等进行论述，为本论文的后续研究奠定理论基础。

2.1　住宅开发相关理论

城市住宅开发体现的是住宅市场的供给情况，住宅供求理论、价格限制理论及税负转嫁理论是城市住宅开发的政府管理的理论基础。

2.1.1　住宅供求理论

住宅供求理论是经济学市场供求理论的拓展应用，其内容反映了住宅市场供求与价格之间的关系，基本观点如下（邓伟、宋扬，2008）。

对住宅供应来讲，在其他条件不变的情况下，住房价格与供应数量之间存在相关关系。价格的上升或降低会导致供应数量的增加或减少，供应曲线是一条由左向右上方倾斜的曲线。价格会随供应数量的减少而上升、随供应数量的增加而降低。见房地产供应曲线图 2.1。

另一方面，对住房市场供求关系来讲，假定价格和供求数量外的其他因素不发生变化，在不同时间周期内，短期与长期房地产供求关系具有不同特点。短期时间内，房地产短期供应缺乏弹性，房地产价格主要由需求情况决定；而长期，房地产供应具有弹性，价格由供求双方共同决定，当需求不变的情况下，其均衡点的产量随供应量而变化。如图 2.2 所示。

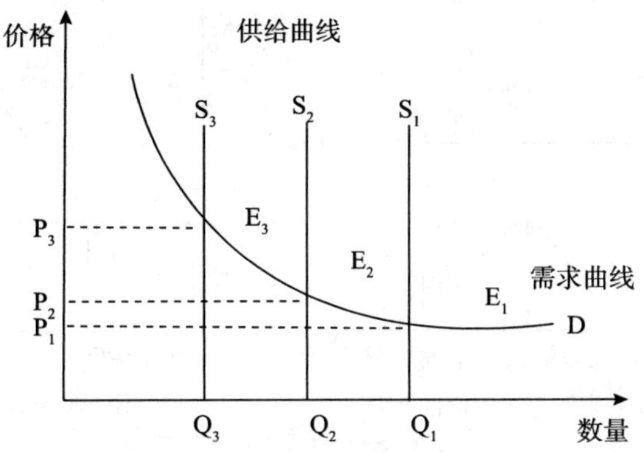

图 2.1 房地产供应曲线

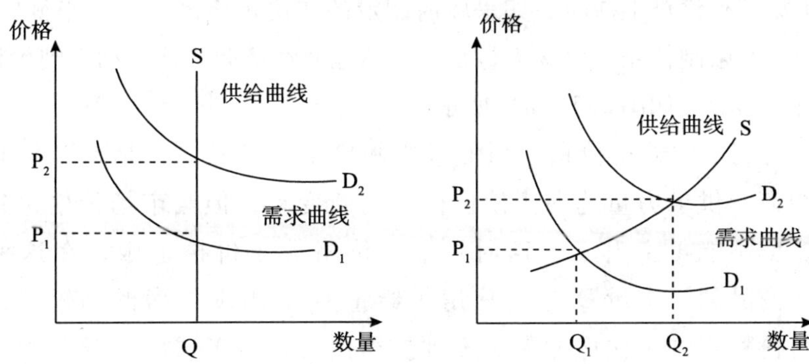

图 2.2 短期（左）与长期（右）住房供求关系曲线

2.1.2 价格限制理论

价格限制理论是经济学中的基本理论（曼昆，1999），应用到住宅房地产市场中，长短期不同的价格控制对住宅市场具有如下影响。

1. 价格上限对市场的影响

价格限制可以分为价格上限与价格下限，价格上限是指可以出售一种物品的法定最高价格，价格下限是指可以出售一种物品的法定最低价格（曼昆，1999）。土地供应的条件有限房价、限地价，就是限制房屋的最高销售价格和限制土地的最低出让价格。以住房价格限制为例，对住房市场的影响可以通过供求曲线来体现。如图 2.3 所示。

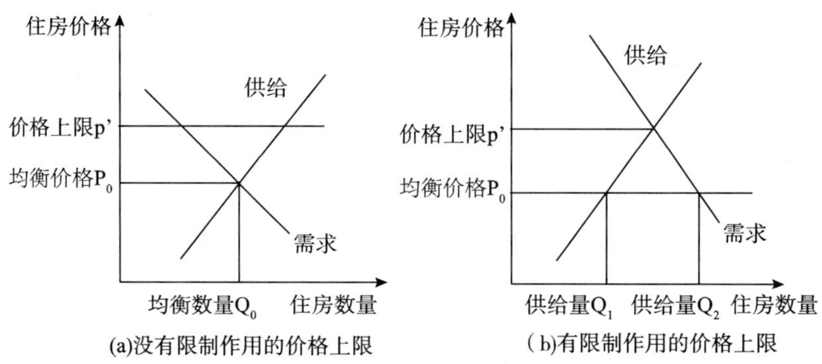

图 2.3　价格限制作用下的供求曲线

当市场实行价格上限时，如果政府制定的住房价格高于供求平衡的价格，价格上限没有限制作用，市场力量自然而然地使经济向均衡变动，则价格上限对市场没有影响。如图 2.3（a）所示。

当政府制定的住房价格上限低于均衡价格，则限制价格对市场有一种限制性约束。供求力量趋向于使价格向均衡变动，但当市场价格达到价格上限时，就不能再上升了。这时，市场价格等于价格上限，在这种价格时，住房商品的需求量 Q_2超过住房供给量 Q_1。出现住房商品短缺，有一些在现行价格想购买住房的人买不到。当住房短缺形成时，导致配给住房的机制就会出现，如排队机制，那些愿意提前来到并排队等候的人得到了住房，而另一些不愿意等候的人得不到。另一种配给方法是，售房者根据自己偏好配给住房，如某一类购房人、某一行业或权力部门，经济适用房经常出现的排队购买现象就是例证。

设置价格上限的一般规律：当政府对竞争市场实行限制性价格上限时，易出现物品的短缺。这种配给价格上限情况下产生的配给机制如排队是无效率的，根据卖方偏好的歧视即无效率（没有把物品给予对它评价最高的买者）、又可能是不公平的。

2. 短期与长期的价格控制产生的影响

短期与长期的价格控制产生的影响不同，住房价格控制的不利影响需要一定的时间才能呈现出来。如图 2.4 所示。

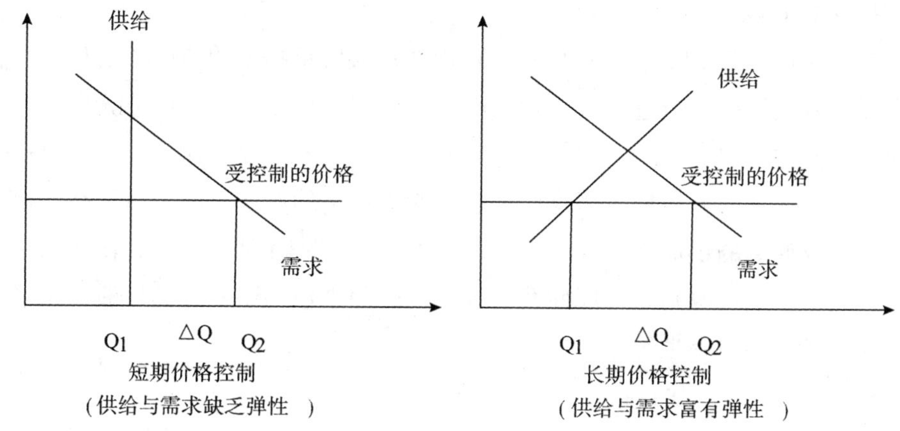

图 2.4 短期与长期价格控制的供求曲线图

房地产市场，短期住房的供给是无弹性的，不能随市场变化迅速调整数量。寻求住房的人对限价房有接受的过程，需求弹性变化不大。虽然价格上限引起短缺，但短缺并不会很大，其主要影响是价格的降低。但在长期，随着时间的推移，住房的供应者与需求者对市场状况反应都较大。在供给方，开发企业对限价房的反应是减少供应限价住房或不供应限价住房。在需求方，低价格鼓励人们购买限价房或鼓励更多的人等待限价房。这说明在长期，当价格低于均衡水平时，住房供应量减少，而住房需求量大幅度增加，造成此类住房大量短缺（曼昆，1999）。

2.1.3 税负转嫁理论

税负转嫁理论是经济学理论的一部分，税费的负担、税收的归宿及对价格的影响与税收的转嫁有关（祝学明，2006；吴宝，2005）。

1. 税负

根据经济学理论，当对企业与消费者之间的交易征税时，一般来讲，税费总会提高消费者支付的价格，降低企业得到的价格。税收的存在使供给和需求曲线发生移动，一般来说使需求曲线向右下方移，供给曲线向左上方移，从而使供给者得到的价格和需求者支付的价格之间产生一个差额，需求者支付的价格和供给者得到的价格两者之间的差额就是税费的数额（车江洪，1994）。

2. 税负转嫁

税负转嫁（Tax Burden Shifting）是指纳税人所承担的税负转由负税人承担的过程，就是纳税人通过购入或卖出产品价格的变动，将全部或部分税收转移给他人承担的过程。典型的税负转嫁或狭义的税负转嫁是指商品流通过程中，纳税人通过提高商品销售价格或压低商品购进价格的办法，将税负转移给商品的购买者或商品的供应者（祝学明，2006）。需要明确的是税收的转嫁取决于多种因素，影响税收转嫁可能性及实现程度的因素包括了税收的性质、市场结构、商品供求价格弹性等。

3. 影响税收转嫁的因素

税收性质的影响。税收是直接税还是间接税，其税收性质影响了税收转嫁的可能性。税收转嫁在理论上的可能性和商品交易分不开，税负转嫁问题和商品价格直接联系。在商品交换的过程中，纳税人通过价格的途径，把税收负担转移给他人，税收进入商品价格，商品交换是税收转移的前提。因此，有些税收通过市场交易，如对商品的流转课税（包括营业税、增值税等），就比较容易转嫁；另一类税收，不通过市场交易，如对个人或企业的所得课税，对财产课税，转嫁的可能性就小。前一类税收为间接税，后一类税收为直接税。一般来说，税越直接，越难转嫁；反之，税越间接，转嫁的可能性越大。

市场结构、供求弹性对税费转嫁的实现及转嫁实现程度的影响。税费转嫁的可能性并不一定等于税费转嫁的实现，由于税费转嫁是和商品交换中的价格升降发生直接关系，那么税费转嫁的实现及转嫁实现的程度，则必然要受商品价格变动可能性的约束，即受商品的供求价格弹性的制约。税费转嫁的程度取决于需求和供给双方的性质，哪方的弹性小就由哪方承担的多。需求弹性愈大税费转嫁的可能性就愈小，需求弹性愈小税费转嫁的可能性就愈大。需求完全无弹性则税费完全可以通过提价的形式转嫁给消费者。若需求弹性为无穷大，则税费完全不能转嫁。市场结构不同，税费转嫁情况也不同。

对于住房市场，当市场为卖方市场，房地产供不应求时，买者之间存在激烈竞争，由卖方控制价格，税费就能相当容易地以较高价格转嫁给买者。从防止税费转嫁的角度来说，应加大住房供应量。

2.2 政府管理相关理论

与政府管理相关的理论有政府干预理论、政府失灵理论以及政府治理理论。

2.2.1 政府干预理论

与城市住宅开发政府干预相关的政府干预理论，主要包括了说明干预必要性的市场失灵理论以及政府的宏观调控与微观规制干预方式理论。

1. 市场失灵理论

市场失灵理论的主要观点是证明市场失败领域的存在，说明了政府干预的必要性。总的来说，市场失灵领域主要包括以下几个领域。

（1）外部性领域。

外部性的本质含义可以解释为：一个人或企业等经济主体的行为影响了其他个人或企业的福利，但是没有相应的激励机制或约束机制使产生影响者在决策时充分考虑这种对其他主体的影响（张帆，1998）。外部性的概念是剑桥学派两位奠基者亨利·西季威克和阿尔弗雷德·马歇尔率先提出的，经济学家庇古进一步研究和完善了外部性问题，最终形成了外部性理论。以科斯、张五常等为代表的新制度经济学家从产权理论和合约理论的角度进一步完善了外部性理论。市场机制不能解决外部性带来的社会福利的损失，需要政府干预。

（2）不完全信息领域。

信息不完全会导致不规范行为，导致决策不科学、不理性。信息的不对称会造成逆向选择和道德风险，出现劣胜优汰的结果，信息少的一方会受损失，会影响市场机制的运行及市场的均衡状态和经济效益。因此，在不完全信息领域有必要进行政府干预。“看不见的手”理论假设是买者卖者对其买卖的商品和服务都有充分的信息，企业假定了解其产业经营范围内各种因素发展的前景，消费者假定知道商品的质量和价格。但实际上信息通常是不完全的，往往表现为信息不充分和信息不对称。信息不充分，即经济主体不能全面了解所需的信息。信息不对称，即信息不能达到所有经济主体，经济主体之间对信息的掌握呈不对称性，包括交易双方之间和交易一方各个主体之间信息不对称（周振华、韩汉君，2004）。信息不对称也是一种内部性，即指由交易者所经受的没有在交易条款中说明的成本和效益（史普博，1999）。这里的成本即是指负内部性或内部不经济，而效益则是指正内部性或内部经济。因此，市场经济要求降低信息成本，促使信息的自由传播，需用进行政府干预。

（3）垄断即市场不完全竞争的领域。

市场不完全竞争领域需要政府进行干预。完全竞争的市场是实现资源最优配置的必要条件，但这不是必然出现的或唯一的市场情况，市场中还存在垄断的市场结构。当企业获得垄断地位，它就摆脱了市场价格的支配，而对市场价格具有某种程度的控制。根据利益最大化的目标，企业就会把价格提高到最低平均成本以上，以高于边际成本的价格和低于竞争市场的产量进行生产，获得垄断利润，影响了资源配置效率，导致社会福利水平的下降。同时，长期垄断利润的存在，还造成收入分配不平等，这成为限制垄断的一个重要的社会原因（曼昆，1999；保罗·萨缪尔森、威廉·诺德豪斯，1999）。

（4）公共物品领域。

公共物品领域需要政府干预。公共物品是指那种无论个人是否愿意购买，都能使整个社会每一成员获益的物品，公共物品的显著特征是具有消费上的非排他性。公共物品的生产者无法排斥那些不为此物品付费的个人的“搭便车”行为，或者排他的成本高到使排他成为不太可能的事。使市场不提供公共物品或者只提供极少量的公共物品。公共物品提供缺乏效率，而市场的运转又不能缺少公共物品，因此需要政府来提供足够数量的公共物品（曼昆，1999；保罗·萨缪尔森、威廉·诺德豪斯，1999）。

（5）社会分配领域。

社会分配领域需要政府干预。社会的和谐发展需要社会公平，社会公平与经济效率对经济社会的可持续发展同样重要，没有经济高效率的发展就不可能实现社会公平，反之没有社会公平和安定的社会环境，经济效率也不可能长期保持。从经济的角度看，社会的经济公平主要表现为收入分配的公平与必要的社会保障。但市场机制能够实现资源的最优配置，却不能解决社会目标问题，实现社会公平，竞争性的市场并不能保证消费一定由那些最需要或最应当得到的人享有。市场机制能够实现既定收入分配格局下的帕雷托最优，却不能改变原有的收入分配格局（曼昆，1999）。

由于一系列因素影响，社会成员在进入市场时是不平等的，自由放任竞争可能会带来普遍的不平等，收入和财富的不平等会一代一代地延续下去，因而竞争市场可能带来很不公平的收入分配。因此，需要政府采取行动，使社会财富能够按照公平的原则分配和使用，建立健全必要的社会保障体系，排除社会及自然或偶然的因素对社会成员的不利影响，通过实施正确的税收政策和收入政策来维护分配的平等性，有利于社会整体效率的提高（曼昆，1999；保罗·萨缪尔森、威廉·诺德豪斯，1999）。

（6）经济的周期性波动。

经济的周期性波动需要政府干预。世界各国的经济发展进程表明，在经济总量增长过程中，不同时段的增长速度或增长率总是有快有慢，高低有别，导致经济总量随时间出现波动现象。经济的周期性波动是经济运行和经济发展中的一个事实，但周期性经济波动的大的结果不仅会造成资源的闲置和浪费，以及社会的痛苦和震荡，严重时还会破坏市场过程和丧失经济效率。自由的市场经济，始终孕育着经济活动急剧并大幅度变动的可能性，导致经济不稳定，不景气和通货膨胀。斯蒂格利茨认为，一个完全无政府状态的市场经济，虽然可以比较好地解决经济的微观效率问题，但很难从总体上提高国民经济运行的效率，对经济的长期持续增长也是无能为力的，因此需要政府干预（陈东琪，2000）。

（7）转型国家中市场机制不健全领域。

从非市场经济向市场经济转变的国家，特别是原计划经济国家，面临着建立市场制度的任务。在转型国家里，建立市场制度难以通过市场自身进行，市场活动不会发生在“制度真空”中。像界定产权、制定和实施法律制度、确保合同的执行、维持竞争状态、保证生产要素的自由流动、降低交易成本、减少经济活动的不确定性、确保最低生活等最起码的制度环境，都不是市场过程中自发出现的，而是需要由政府提供的。作为一种制度，市场经济同时需要以相应的意识形态和道德为基础，这也是转型国家所不具备的。在社会经济向市场机制转变的同时，原有的非市场的伦理和意识形态正在失效，新的适应市场体制的规范尚未形成，社会的行为失范、道德真空难以避免，转轨还会造成收入和财富的不平等。

市场所存在的这些缺陷来自其自身的逻辑，因而无法自我克服，必须借助外部力量。在市场之外，有能力克服市场缺陷的力量主要来自公共权威机构。作为主要的公共权威机构，政府介入经济成为合理的选择（杨龙、王骚，2004）。

此外，体制转轨国家市场体系不完善，当新兴工业经济脆弱、经济实力不强的情况下，让市场自发演进，同市场经济发达国家竞争存在先天不足，势必支付更长的时间代价。在经济全球化的条件下，要面对国际市场的挑战，需要足够的经济实力。经济落后国家不能走市场自由放任的发展道路，要求更多发挥政府的作用，需要政府的引导和干预（孙荣、许洁，2001）。我国正处于市场转轨时期，房地产市场规则没有完全建立，易受外界环境影响，需要政府进行干预。

2. 政府宏观调控与规制

市场失灵理论说明了政府干预的必要性，而宏观调控与微观规制（或称为管制）说明了政府干预采取的形式。

（1）宏观调控。

宏观经济调控就是在市场经济条件下政府按照经济运行的规律，运用一定的经济手段、法律手段和行政手段，对国民经济发展总量变化及其相应的比例关系进行的组织、协调和控制的过程（吴亚卓、吴英杰，2005）。

宏观经济调控的手段主要有：经济手段、计划手段、法律手段、行政手段和舆论手段。经济手段是指国家依据经济规律和物质利益原则，借助于经济杠杆来调节经济运行，诱导微观经济行为，使之符合宏观目标的一种调控手段。经济手段包括财政政策、货币政策、产业政策、收入政策、国际收支政策等内容。计划手段是指通过中长期计划与指导性计划指导经济发展的手段。法律手段是指国家为了维护社会经济活动的秩序，通过制定一系列有关经济活动的法律、法令、条例、章程，对社会经济活动进行指导、控制、规范和监督的手段。行政手段主要是指依靠行政机构采用强制性的命令、指令，规定和下达带有指令性的任务或某些具体限制等行政方式调控经济的运行。舆论手段是指通过新闻、报纸、广播、电视及其他各种宣传工具传播国家政策、法令和社会意见、观点，宣传正确思想，贬斥社会时弊，引导人们的行为（吴亚卓、吴英杰，2005；王建敏等，2005）。

（2）政府管制。

作为一种政府干预方式，政府微观管制是政府站在完全中立的立场上依据法律法规对微观经济主体实施的一种外部管理（所以通常称之为管制）（王洛林，1997）。或者说，政府管制是政府行政机构依据法律授权，通过制定规章、设定许可、监督检查、行政处罚和行政裁决等行政处理行为对社会经济个体的行为实施的直接控制（余晖，2004）。这与政府宏观调控主要是干预经济总量以及结构不同，也与政府主要对国有资产管理、部分社会公益事业和部分城市公用事业的投资和直接管理的微观管理活动不同。

政府管制具有以下特点。政府管制的主体是政府行政机关，政府管制的客体是各种经济主体（主要是企业），管制的主要依据和手段是各种规则（或制度），明确规定限制被管制者的什么决策，如何限制以及被管制者违反规则将受到的制裁。其中关键是作为政府管制依据和手段的各项规则。这些规则可能是法律，也可能是法律效力较低的各项规定（王俊豪，2001）。

政府管制的基本领域与内容。根据政府管制的特点，政府管制大致可划分为经济性管制与社会性管制这两大类型（王俊豪，2001）。由于本文自然垄断内容较少涉及，因此，主要按管制特点介绍经济性管制与社会性管制两类。

经济性管制。植草益（1992）认为，经济性管制是指在自然垄断和存在信息不对称的领域，主要为了防止发生资源配置低效率和确保利用者的公平利用，政府机关用法律权限，通过许可和认可等手段，对企业的进入和退出、价格、服务的数量和质量、投资、财务会计等有关行为加以管制。即经济性管制的领域主要包括自然垄断领域和存在信息不对称的领域。经济性管制的内容主要包括：价格管制、进入和退出市场管制、投资管制、质量管制。

社会性管制。植草益（1992）对社会性管制的定义是：以保障劳动者和消费者的安全、健康、卫生、环境保护、防止灾害为目的，对产品和服务的质量和伴随着提供它们而产生的各种活动制定一定标准，并禁止、限制特定行为的管制。对于由环境污染、产品质量低而造成的社会问题，居民和消费者是最大的受害者，但由于他们没有掌握足够的信息，或不能形成较大的社会力量去索要补偿损失，他们就难以得到经济补偿。这为政府实行社会性管制提供了理论依据。

总的来说，管制机构处理市场失灵问题经常采用的行政手段有以下几种：利润管制、价格管制、广告限制、配额和关税、特许和配给权、标准设立（管制机构为消费者制定许多判别产品质量的标准以及工作场地安全标准等）、信息公开（卖方有义务在一桩买卖终了前公布所售产品或服务的有关信息）、合同条款修订（管制机构可以对签约双方的能力加以照顾）、物料和生产过程的管制（管制机构还可以对生产某种商品所使用的物料和生产程序加以规定）、征税和补贴（王洛林主编、余晖著，1997）。

政府管制与宏观调控是互补关系。微观管制为宏观调控奠定微观基础，宏观调控为微观管制创造良好的环境；宏观调控政策从宏观经济视角纠正市场宏观失灵，微观管制政策从微观视角纠正市场微观失灵，两者从不同的视角互补地纠正市场失灵，弥补了单一政策的不足和缺陷（王健，2002）。

2.2.2 政府失灵理论

政府失灵概念一般认为是萨缪尔森（P. Samuelson）提出的，近年来成为西方政治学和经济学研究的热点问题，政府失灵理论的主要研究成果是由公共选择和公共政策学者得出的（张建东、高建奕，2006）。公共选择理论由著名经济学家詹姆斯·布坎南（James McGill Buchanan Jr.）提出，在他获得1986年诺贝尔经济学奖后，公共选择理论逐渐得到了主流经济学的认可，成为西方经济理论的重要分支。与市场失灵研究相比，政府失灵或非市场的研究尚不成熟，对政府失灵的表现、成因、机制及其与市场缺陷的联系中的许多问题尚未弄清楚，其理论的基本内容主要包括政府失败问题及政府失败现象的表现、类型与成因（孙荣、许洁，2001）。

1. 公共选择理论的基本观点

公共选择理论观点的重点是关于政府及其成员的“经济人假设”以及政府失灵的根源的分析（骆诺，2007；杜晓，2003）。

公共选择理论提出，政府及其成员符合“经济人假设”，即政府一旦形成，其内部的官僚集团、政治家、政府官员这些公共政策的制定者们都在追求自己的利益最大化，这使政府背离其公共利益代理人的角色。

关于公共选择理论对政府失灵原因的分析，公共选择理论认为政府失灵的根源可以归结于如下几个方面。第一，政府的内部性。即政府及其成员作为经济人所表现出来的谋取个人利益而非公共利益的倾向，使公共决策偏离应然的理想目标。第二，政府的垄断性。官僚机构垄断了公共物品的供给，其背后的推动力就是国家行政机关自身的经济动机。行政垄断容易导致政府部门的过分投资和效率低下。第三，政府的寻租活动。根据布坎南的定义，寻租是投票人，尤其是其中的利益集团，通过各种合法或非法的努力，如游说和行贿等，促使政府帮助自己建立垄断地位，以获取高额垄断利润。寻租行为具有非生产性特征。同时，寻租的前提是政府权力对市场交易活动的介入，政府权力的介入导致资源的无效配置和分配格局的扭曲，产生大量的社会成本，这些成本包括：寻租活动中浪费的资源，经济寻租引起政治寻租浪费的资源，寻租成功后损失的社会效率（詹姆斯·布坎南，1988）。

2. 公共政策学的观点

除了从公共选择角度对政府失灵原因进行研究，公共政策学者从公共决策失效的角度对政府失灵原因进行了研究，观点如下（文炳勋，2005）。

政府对经济生活干预的基本手段是制定和实施公共政策，以政策、法规及行政手段来弥补市场的缺陷，纠正市场的失灵。由于公共决策的复杂性，使合理的政策制定与实施过程中存在着种种困难、障碍与制约因素，因而导致公共政策失效，这是政府失灵的一个基本表现。按照公共选择和政策分析学者的看法，公共决策失误或政策失效的主要原因有如下形式：

（1）现有的各种公共决策体制及方式（投票规则）的缺陷。以多数原则为基础的民主制是现代国家所采用的一种有用的决策体制，它较之于独裁制或专制体制，是一种巨大的进步和更合理的决策体制。但是，这种民主体制是很不完善的，甚至可以说是相当不民主的。无论是直接民主，还是间接（代议）民主制都有其内在缺陷。前者中固有的问题有周期循环或投票悖论和偏好显示是否真实等问题；后者中固有利益的最大化，而不是选民或公共利益的最大化；而选民却难以对其实施有效的监督。现有的投票规则或表决方式（如一致通过、过半数、相当多数、绝对多数、三分之二多数）也远非是完善的。

（2）决策信息的不完全、决策议程的偏差、投票人的“近视效应”、沉积成本及先例等对合理决策形成制约。公共政策的制定和执行过程是一个复杂的决策过程，许多的公共政策实际是在信息不完全的情况下做出的，这很容易导致政府决策的失误。

（3）政策执行的障碍。成功的政策执行依赖于理想化的政策、执行机构、目标团体、环境四个重大因素，这些因素中的任一方面或它们之间的配合出问题，都可能招致政策的失效。政府政策实施的组织体系是由政府众多机构或部门构成的，这些机构部门间的职权划分、协调配合、部门观点，都影响着政策效率。执行机构不健全，各部门不协调合作，执行人员不力，也引起政策失效。在政策执行过程中，由于中央与地方利益的差别，会导致中央与地方博弈，出现“上有政策、下有对策”现象，也会使政策的效力大打折扣，甚至完全无效。

通过对政府失灵的表现、类型及其根源的分析，得出的基本结论是：市场的缺陷或市场失灵并不是把问题转交给政府去处理的充分条件，市场解决不好的问题，政府未必解决得好，甚至会把事情弄得更糟。因此，应摒弃政府不干预或干预乏力与政府过度干预。要处理好政府与市场间的关系，应该在保证市场对资源配置起基础性作用的前提下，以政府的干预之长弥补市场调节之短，规范政府干预职能及行为，加强对政府调控行为的监督，提高政府决策的科学化程度，把竞争机制引入政府调控的某些领域等，实现市场调节和政府干预的最佳结合（金太军，2000）。

市场失灵理论论证了政府干预的必要性及干预的方式，政府失灵理论阐述了政府失灵的原因，下面介绍的政府治理理论则论证了政府共同治理的理念。

2.2.3 政府治理理论

随着社会的发展，政府由较少介入社会经济活动到大量介入国家和社会事务，再到政府职能的重新调整。西方学者在长期的社会发展中，在社会资源配置问题上，既看到了市场的失效，又看到了国家的失效。而治理正好可以弥补国家和市场在调控和协调过程中的某些不足，政府治理理论由此得到发展。

当今政府治理主要是受治理理论、公共选择理论和新公共管理理论的影响形成的。

治理理论的由来是1989年世界银行在其报告《撒哈拉以南的非洲：从危机到可持续增长》中概括当时非洲的情况时，第一次使用了“治理危机”这一概念发展起来的（PL. World Bank，1992），此后“治理”便广泛地用于政治发展的研究中。全球治理协会报告所提供“治理”的定义为：治理是个人与机构、公家与私人治理其共同事务的诸多方式的总和，它是个持续不断的过程。在这个过程中，可以使对立的或各异的利益彼此适应，可以采取合作的行动。它既包括为保证人们服从的正式制度和体制，也包括人们同意或以为符合其利益的非正式的安排（俞可平，2000）。简单理解，治理是各种公共的或私人的组织（正式的和非正式的）管理其共同事务的机制的总和，是对相互冲突的或不同的利益得以调和并且采取联合行动的持续的过程（余晖，2004）。

新公共管理理论是以经济学为基础，以政府市场的协调为核心的公共管理理论。它自20世纪80年代在英、美两国应运而生后迅速扩展到西方各国，成为近年来西方公共行政理论中一个有巨大影响的流派（华震宇，2007）。新公共管理理论观点：（1）公共机制与市场机制有机融合。在政府与市场的关系上，新公共管理提倡在合理划分政府与市场各自职能的同时，把公共机制与市场机制有机融合。政府的作用是提供核心公共物品，而市场的作用在于参与提供混合公共物品，从而实现政府与市场的相互渗透与相互补充。（2）行政组织体制创新。新公共管理主要是通过合理界定政府职能，采用决策与执行分开和利用现代信息技术对组织结构进行再造，从而达到政府职能卸载和合理设置机构的目的。

政府治理理论的核心观点认为，国家的管理既不能私有，又不能放任；既不能官僚机构一言堂，又不能让大的利益集团操纵。政府要放权于民，寻求第三部门的参与，通过私营部门、第三部门和政府部门协作努力，对公共事务进行共同治理（蓝志勇、陈国权，2007）。

2.3 其他相关理论

本论文研究除了基于上述城市住宅开发相关理论和政府管理相关理论外，还使用了系统论、中间性组织理论和集成管理的理论。

2.3.1 系统论与系统分析方法

1. 系统论基本观点

系统论是研究系统一般模式、结构和规律的科学，作为一门科学的系统论，人们公认是加籍奥地利人、理论生物学家 L. V. 贝塔朗菲（L. Von. Bertalanffy）创立的（王连成，2002；P. 切克兰德，1990）。

系统论认为，系统是由若干要素以一定结构形式联结构成的、具有某种功能的有机整体，整体性、相关性，结构性、层次性、有序性等是所有系统的共同的基本特征，系统论的基本原则主要是整体性原则、结构功能原则、相互联系的原则、有序性原则、目的性原则与动态性原则，其核心思想是系统的整体观念。系统论的基本思想方法，就是把所研究和处理的对象，当作一个系统，分析系统的结构和功能，研究系统、要素、环境三者的相互关系和变动的规律性，并优化系统的观点看问题。

系统论的基本原则具体含义如下。（1）整体性原则。即系统、要素和环境之间的辩证统一。首先，系统与要素、要素与要素、系统与环境之间存在着有机的联系，它们相互作用、相互影响，构成一个整体。其次，系统的性质和规律，只有从整体上才能显示出来，整体功能不是各部分功能的简单相加。再次，系统内部各要素或部分的性质和行为，对其他要素或部分的性质和行为有依赖性，并对整体的性质和行为有影响。（2）结构功能的原则。即系统的结构与功能的辩证统一。首先，结构是功能的基础，功能是结构的属性；结构不同，一般说功能也不同，结构决定功能。其次，同一结构可能有多种功能；结构不同，也可获得异构同功。（3）相互联系的原则。即系统的整体性是通过各要素间的物质和能量的相互交换、转换及守恒的规律，还有信息的传递、交流等多种形式加以实现的。(4) 有序性原则。即系统都是有序的、分层次的、开放的。(5) 目的性原则。确定或把握系统目标并采取相应的手段去实现。(6) 动态性原则。即现实系统都是变化、发展的，应当在动态中协调系统各方面的关系，使系统达到最优化。

系统论的基本原则要求人们在认识和处理系统对象时，把握系统目标，根据形势在动态中协调系统各方面的关系，把握好系统结构和功能的辩证发展规律，搞清系统内外部物质、能量、信息的流动状态，从整体着手进行综合考察，以达到最佳效果。

2. 系统分析方法

系统方法或说系统分析最早是由美国兰德公司在二战结束前后提出并加以使用的。它是建立在系统科学基础之上的一种决策分析方法，早在第二次世界大战期间，美国人在研究武器系统时使用的定量分析和定性分析相结合的方法就是系统分析方法的雏形。20 世纪 60 年代，美国政府运用系统分析于国防工作，此后，该方法就广泛地应用于各类组织的决策之中（陶承德，1987）。

系统分析的概念至今还没有一个比较完整和严密的科学定义。一般认为，系统分析就是对一个系统内的基本问题，用系统观点进行思维推理，在确定和不确定的条件下，探索可能采取的方案，通过分析对比，为达到预期目标选出最优方案的一种决策方法。系统分析方法一般可采取以下几个步骤：(1) 提出问题，或者说界定问题；(2) 确定系统目的；(3) 收集资料；(4) 建立模型；(5) 设计方案；(6) 试验（李国纲，1993）。

系统分析的内容包括：根据系统的本质及其基本特征，可以将系统分析的内容相对地划分为系统的整体分析、结构分析、层次分析、相关分析和环境分析等几个方面。其中，整体分析就是从全局出发，从系统、子系统、单元、元素之间以及它们与周围环境之间的相互关系和相互作用中，探求系统整体的本质和规律，提高整体效应，追求整体目标的优化。结构分析是对系统内部诸要素的排列组合方式进行的分析，其目的是找出系统构成上的整体性、环境适应性、相关性和层次性等特征，使系统的组成因素及其相互关联在分布上达到最优结合和最优输出。环境分析主要是确定环境因素影响范围以确定系统边界。相关分析是用以分析构成系统的各个子系统、单元和要素之间以及它们与环境之间是相互联系和相互作用关系的。在政策研究的过程中，帮助理清各种因素对政策执行效果可能产生的影响，从而设计出理想的或较优的政策方案。

2.3.2 中间性组织理论

现代经济理论认为（Oliver E. Williamson，1991），纯科层组织和纯市场组织是两种最基本的协调交易的形式，在这两极之间还存在着一种既具有科层组织某些特征又具有市场组织的某些特征的制度形式——中间性组织。即在纯粹的层级组织与纯粹市场组织之间，存在一个宽广的中间地带，处于这个地带上的有着多种类型的组织，新制度经济学理论把它称之为“中间性体制组织”。中间组织亦称非政府、非市场或非微观主体，其在社会生活中广泛存在，它为政府、民众和市场提供了一个交流和合作的平台。

Michael Dietrich 在《交易成本经济学——关于公司的新的经济意义》（1999）中就指出市场与公司传统的二分法过于简单和不现实，没有考虑涉及个别单位之间短期或者长期合作的关系。而理性的分法应该加入起沟通、合作作用的中间组织。80 年代对经合组织国家的分析研究表明，这些国家大都普遍建立并充分利用了介乎国家与市场之间的社会中介调节机制。Salamon，L. M（1994）使用“三元模式”来描述当代西方社会的基本结构，即“政府部门－营利部门－非营利部门”（如图 2.5 所示）。有学者更将行业协会形象的比喻成引导社会经济发展的“第三只手”，即“第三域”组织。行业协会之所以在经济管理中发挥重要作用，源于其经济制度背后的合理性和社会需求。

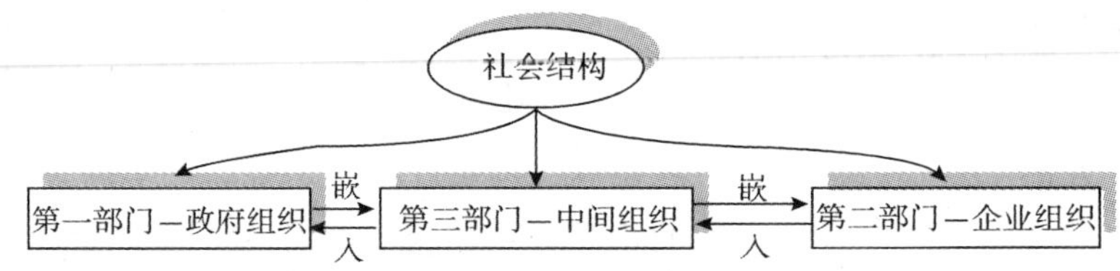

图 2.5 社会三元结构的发展趋势图

威廉姆森（OliverE. Williamson，1991）在《经济组织比较：两种可替代的独立结构分析》一文中指出，在纯市场与纯科层两极之间存在着一种 Hybrid 的制度形式，即交易的治理结构（Governance Structure），他认为纯市场的权威控制程度很弱，合作适应性也很弱，而资助适应性和激励性较强；纯科层组织则正好相反，其权威控制程度和合作适应性较强，而自主适应性和激励性较弱。杂交（Hybrid）的治理结构各项指标均处于中间状态（Semi - strong）。兰逊（Larsson，1993）继承了威廉姆森的分析框架，对中间性组织进行研究所得到的结论为：①当内部化成本较低，行为者之间缺乏信任时，不确定性、交易频率和特定资源依赖程度较高时，协调越可能有纯科层“看得见的手”来完成。②当外部化成本较低、不确定性、交易频率和特定资源依赖程度较低时，协调将由市场“看不见的手”来完成。③在较低的召集成本，较高的内在化成本或者行为者之间信任程度较高时，不确定性、交易频率和特定资源依赖程度较高时，协调可以通过企业间契约的网络（中间性组织）来完成。

Candace Jones（1997）则结合社会学理论从嵌入性视角对中间性组织进行重新认识，他超越了威廉姆森和兰逊单纯从交易类型的视角研究协调的制度形式框架，探讨了“结构性嵌入”视角下的中间性组织（行业协会）如何通过进入限制、集体惩罚、信誉、宏观文化、行业规制等手段进行交易协调。杨祖功、田春生、莫伟（1999）提出一种新的调节方式：社会中介组织。市场调节社会关系需要有良好的政治体制。没有国家或者社会集体的干预，市场经济无法运行，但国家调节只能通过法律、规章制度和等级制来约束和限制，加之官僚主义和寻租的弊端，进一步恶化了市场经济，反过来又依靠市场经济，形成一种恶性循环，种种因素促使寻求一种新的调节方式。中介组织的调节机制起了政府和市场不能起的作用，在一定程度上弥补了国家和市场两个方面的缺陷和不足。多纳和斯内德瑞（Doner and Schneidery，2000）将中间性组织（行业协会）弥补政府失灵的职能称为市场支持性活动，将行业协会弥补市场失灵的职能称为市场补充性活动。

概括而言，中间性组织在政府和企业之间，具有承担协调沟通的作用，其活动具有市场支持性和市场补充性，能提高公共部门的工作绩效，为资源配置的主导力量，是减少交易费用的关键环节。

2.3.3 集成理论

集成作为一种现象或事物广泛存在于现代社会之中，它是构建系统的一种方法。集成理论是系统论的一个分支，是系统论在20世纪末期的经济、科技、社会环境条件下的新发展（李必强，2003）❶。

集成是将两个或两个以上的集成单元集合成一个有机整体的过程或行为结果。集成理论的基本原理除了包括系统论的整体性、有序性、相互作用、功能结构、开放系统、同型性等原理外，还有其特殊的原理，即相容性原理、互补性原理、界面选择原理、功能倍增原理等（海峰，2003）。

相容性原理是指集成单元能否相容和相关联，集成体能否形成的原理，揭示了集成单元形成集成体的必要条件，反映集成单元间内在联系的基本规律。互补性原理强调的是从系统整体性出发，将系统各要素的属性有机组合起来，互补形成完整的系统属性。反映的是各集成单元在功能、优势相互补充的条件下，实现集成体（系统）整体功能的基本规律。集成界面作为集成单元相互作用的媒介，具有信息传输、物质交流、能量传导、集成有序性形成等功能，界面选择原理是反映集成单元在形成集成体过程中，集成单元间物质、信息和能量交换、接触方式及形成机制的基本规律。功能倍增原理反映的是集成单元在形成集成体（系统）过程中相互作用、聚合重组致使集成体整体功能倍增或涌现的基本规律。产生集成整体功能倍增方式主要有功能重组、结构重组、过程重组、协同重组四种方式。

2.4　小结

本文主要应用系统论思想方法，对支撑城市住宅开发政府干预研究的政府管理相关理论、城市住宅开发相关理论以及其他有关理论进行了总结、介绍。

---

❶ 资料来源：海峰《管理集成论》序言

第3章　我国城市住宅开发政府干预状况分析

本章将在前述国内外房地产政府干预实务与文献分析基础上，对当前国内外房地产政府干预理论成果与实践进行总结，针对城市住宅开发存在的问题，以文献资料及实际数据为基础，对城市住宅开发政府干预存在的问题及原因进行论述，为城市住宅开发政府系统干预提供依据。

3.1　当前国内外房地产政府干预理论与实践总结

为了对目前房地产政府干预理论与实践有个全面系统的认识，本节将根据系统论思想从宏观调控与微观管制两个方面对影响城市住宅开发的房地产政府干预系统的理论成果进行概述，并对影响房地产开发比较大的国内外政府对住宅市场政府干预实践进行介绍、总结。

3.1.1　房地产市场政府干预系统总结

目前中文文献中，“政府干预”、“宏观调控”经常互换使用，没有对其名称的内涵做明确界定，“房地产市场宏观调控”提法更是广泛应用到房地产市场政府干预的方方面面，这与宏观调控着眼于宏观目标的特点不能完全相匹配。因此，考虑到政府对市场的微观管制是其干预市场的一个组成部分，且其着眼于市场的微观行为，所以，要对住宅开发的政府干预系统有清楚的把握，本文首先从影响住宅市场的房地产宏观调控与房地产微观管制两个方面对房地产市场政府干预进行总结。

3.1.1.1 房地产宏观调控概述

房地产宏观调控是从宏观层面上对房地产市场与房地产业的调控，是与房地产微观管制在内涵、目标、政策手段不同的一种政府干预方式。

根据经济宏观调控的概念，房地产宏观调控是政府为使房地产业与国民经济协调发展，对房地产经济总量进行调节，以促进房地产市场总供给与总需求的基本平衡和房价合理。

房地产市场宏观调控的目标就是实现房地产经济总供给与总需求的平衡、优化房地产产业结构，提高资源配置效率（与其他产业、内部产业间结构平衡），保持房地产价格的稳定、合理。

房地产宏观调控手段主要有经济手段、法律手段、计划手段、行政手段等，其中，经济手段是最常用的最主要的手段。

经济手段是指政府借助于经济杠杆的调节作用，通过间接影响市场主体的经济行为，从而调节宏观经济的运转。我国房地产市场的宏观调控主要通过房地产金融政策、房地产税收政策来开展经济手段的调控，即通过包括利率、信贷规模、信贷结构、贷款条件等政策工具，调控投放房地产业的资金数量和结构，影响房地产经济活动。通过设置税种，调整税率、税收减免等进行房地产收益的初次分配和再分配，影响房地产供给、需求。房地产计划手段是从国民经济运行和发展的实际出发，制定房地产发展相关计划，并以此作为引导和调控经济运行的基本依据。具体政策主要有土地利用总体规划、城市规划、住房建设规划、社会保障性住房计划、土地供应计划等。法律手段是指为规范各类房地产经济主体的行为，对国家法规的借助和运用。完善的房地产法律体系包括：土地征用、土地批租、房地产企业开发经营、交易、租赁、抵押、产权登记、房地产估价、房地产金融、房地产物业和房地产中介等内容。行政手段是用政权的力量对市场运行直接进行干预。它采取发布命令、批示、条例等形式，按照行政系统、行政层次、行政区划、直接引导和控制社会经济活动。（郝新艳，2009）

3.1.1.2 房地产微观管制概述

房地产市场微观管制是从微观层面上，由政府依据法律法规对微观经济主体的行为实施的直接控制。区别于宏观调控，它是政府站在客观、中立的立场上，从外部对市场个体实施的行为，主要目的是规范市场主体的行为。

房地产市场微观管制主要涉及土地利用管制、城市规划管制、房屋质量管制、价格管制、市场进入管制、住房市场信息等管制。土地利用管制指由各级政府实施的对土地利用主体行为的限制，狭义的土地利用管制主要是土地用途管制。城市规划管制是指政府对城市空间利用主体行为的限制。房屋质量管制是政府通过对房屋质量规定标准限制相关主体的行为。价格管制是政府通过限定房屋的价格限定相关主体的行为，包括所有权交易价格及使用权租金价格的限制。市场进入管制是政府通过对市场主体资格规定标准限制主体进入及活动的行为。市场信息管制是政府通过对市场主体房地产信息公开行为的限制。

通过宏观调控与微观管制，从宏观层面与微观层面对房地产市场进行全面调控。

3.1.2　国外政府对房地产的干预实践

经济发达国家随市场经济的发展，大多经过了住宅建设高速发展的时期，已经建立了比较完善的约束房地产开发的法律体系和政府干预制度，对房地产市场的调控比较全面。本文以日本、美国、英国、香港及新加坡的情况为例，主要对影响住宅开发比较大的房地产干预政策措施进行介绍。

3.1.2.1　日本政府对房地产的干预

根据对刘文贤（2006）、唐顺彦、杨忠学（2001）、李明扬、孙翔（2005）、于萍（2006）等文献的分析，日本政府对住宅房地产开发相关活动进行的干预管理，主要应用了法律手段、计划手段、经济手段以及各种政府管制等措施。

（1）法律手段。

日本是制定住宅开发建设相关法律、法规最多的国家，也是政策措施比较全面的国家。与土地使用密切相关的有：《国土综合开发法》、《国土利用计划法》、《都市计划法》、《农业振兴地域整备法》、《森林法》、《自然公园法》、《自然环境保护法》等，直接与住宅建设和推进住宅产业发展相关的有：《公营住宅法》、《住宅金融公库法》、《住宅地区改良法》、《新住宅市街区开发法》、《住宅建设计划法》、《住宅质量确保促进法》、《关于促进供应优质出租住宅的特

别措施法》、《关于确保高龄者居住安定法》等多部法律。（于萍，2006）

政府通过建立公有住宅供应制度保证低收入者居住问题解决，如规定地方政府要经常注意管辖地区的住宅状况，地方政府在中央政府的补贴支持下为低收入者建设公营住宅即建设廉租住房。其中，《公营住宅法》中还规定了“第一种公营住宅”和“第二种公营住宅”的区分，第二种公营住宅面向特困阶层，租金更为低廉，在房屋的面积、结构、材料等方面也相应地降低标准。（刘文贤 2006）

（2）计划手段。

日本通过编制土地利用规划、制定住宅建设计划，来控制土地供应总量，保证低收入者住房供应、促进住宅技术水平的提高。

日本的土地利用规划体系包括国土综合开发规划、国土利用规划、土地利用基本规划和城市规划构成。日本土地规划按层次分为全国，都、道、府、县和市、镇、村规划三级，每级规划都是对各自区域内国土利用合理组织采取的措施。日本在全国土地中分个人所有土地、法人所有土地以及国家和地方公共团体所有的土地，具有人多地少、人均土地面积有限、耕地后备资源稀缺的特点。日本政府通过土地规划控制城市用地供应总量。（李明扬、孙翔，2005）

日本实施多个“住宅建设十年计划”或“住宅建设五年计划”，在计划中制定住宅的发展目标、人均住宅居住标准、公营住宅、公团住宅建设数量、新技术应用等等内容，促进日本住宅在节约能源、可持续发展及适应老年社会的无障碍等方面发展。（于萍，2006）

日本于 1949 年成立建设省住宅局，负责起草住房政策，编制住宅预算，分配国家住房建设投资，编制住房建设五年计划，对地方政府机构、公共团体、住宅和都市整备公团、住宅金融公库等进行指导和监督。住房、都市整备公团负责住房和城市基础设施建设，专为中低收入阶层提供住房。每个“住宅建设的五年计划”都确定了一两个住宅产业技术开发研究的重点方向和目标，制订技术开发计划并提出课题，集中力量在较短的时间内达到目标。同时，采取了以下措施：推动住宅标准化工作，始终把住宅标准化，模数化放在优先位置；建立了优良住宅商品认定制度，大力地推动住宅产业和住宅商品的发展；建立住宅性能保证制度，通过来自第三方的住宅性能的认定和保证制

度，确保住宅的质量和性能，极大的保护了住宅拥有者的利益，促进了住宅产业健康有序的发展。（于萍，2006）

（3）经济手段。

日本政府通过应用财政和金融手段解决国民住房问题，促进住宅产业化发展。1950日本创造了独特的住宅金融公库模式——公库隶属于国土交通省，资金来源于国家财政及放贷的利息，以及国家给予的相当于利率的差额的补助；通过向普通居民提供长期低息的住宅资金，来解决日本国民的住房问题。同时，为促进住宅产业化发展，对于新技术、新产品在方案竞赛后在建设中实施（实用化、产业化）时，政府金融机关将给予低息长期贷款以支持其发展。

（4）政府管制及其他措施。

日本政府还通过土地利用、土地交易及规划许可等措施以及信息系统辅助对房地产活动进行干预。

在日本可以利用的土地中，私有土地占很高的比重，在用途方面采取严格的管制措施。在抑制土地投机、限制地价的飞涨方面还制定有土地交易审批制度，通过指定土地交易的“限制区域”，进行土地买卖的许可、申报，用以直接控制某些地区的地价水平及土地使用目的。

规划方面：日本将法定规划作为开发许可的依据，并且将这些法规公示，包括具体的容积率，建筑密度等指标，城市规划行政主管部门在审理申请时几乎不享有自主裁量权，只要开发活动符合这些法规，就可能获得许可。

信息系统建设：日本的统计信息系统也是比较完备的，政府总务厅统计局、住宅局有专门的“住宅土地统计调查”、“住宅统计调查”和“居住实态的调查”，为政府制定中长期住宅产业政策奠定了基础。

3.1.2.2 美国政府对房地产的干预

通过对美国房地产政策方面文献分析，发现美国作为一个崇尚市场经济和私有化的国家，政府对房地产业的运行起相当大的作用，联邦、州和地方政府渗透到了房地产活动中的很多方面。美国政府对房地产的干预手段既有货币手段、财政政策经济手段，也有丰富的微观管制的政策工具。

（1）经济手段。

美国政府通过金融、税收政策等经济手段帮助解决住房问题。美国非低收入居民的住房靠市场解决，政府管理的重点是中低收入者的住房。虽然政府鼓励私人开发商在住宅区开发时能提供一定数量的低收入公共住房，但公共住房建设由地方政府负责实施，联邦政府负责资金供应和总体把握，公共住房的调控主要通过金融税收政策进行，利用利率、税收等经济杠杆对房地产业进行宏观管理。(刘美霞，2002)

（2）计划、法律手段。

计划、法律手段也是美国政府采用调控房地产市场的手段之一。

虽然美国没有称得上全国性的住房计划，也不强求各级政府必须制定土地利用规划。但国会也通过几个彼此不相关的、以中等和低收入阶层为主的住房计划建议政府实施，如公共住房计划、租金补贴和抵押贷款利率补贴计划等。(田东海，《住房政策：国际经验借鉴和中国现实选择》清华大学出版社，1998，P：50）美国没有制定统一的全国土地利用总体规划，土地利用规划体系分为州土地利用规划和地方土地利用规划。联邦政府主要通过制定相关的法律法规、政策来约束引导和影响地方的土地利用及规划管理。各州、县、市、乡有关土地利用规划方面的内容常常包含和融汇在各地制定的交通以及海洋污染资源保护等规划以及土地利用方针或规划政策之中。(吴迪，赵新，2007)

在规划编制过程中，民众参与程度比较高。美国土地利用方针或规划都是自下而上，并且在公众参与下完成的。土地利用规划编制是从基层的社区做起的，逐级向上归并，一般只到县一级。公民有权决定是否编制土地利用规划，形式也主要是通过公告、召开听证会等，让专家学者、社区民众提意见，一般要经过半数以上民众讨论同意方可进行。这种自下而上对规划编制，能充分反映公众的意见，通过土地利用规划引导城市的发展，缓解城市发展压力，控制土地开发的区位速度，提高公共设施的服务水平。

（3）房地产微观管制措施。

作为市场经济比较发达的国家，美国各级政府对房地产市场的干预在比较广泛的领域、采用了大量的微观管制工具，如规划管制、建筑管制、开发程序的管制等。

1916年纽约首先开始实行的事先分区批准制度，以及再分区控制、开发规划及其他特别利用许可，用以保护环境、高效的土地总体利用，以及防止房地产业收入以及种族歧视。地方政府的管理工具主要有：总体规划、分区法规条例、再分区法规、建筑法规，其他的地方政府规划工具有：发展规划、提供公共物品的支出、税收、影响费的收取、项目建设许可以及各种增长管理技术。（查尔斯．H. 温茨巴奇，迈克．E. 迈尔斯，苏珊娜．埃思里奇．坎农 2001）。

开发规划工具利用方面：主要通过政府的预先规划，引导和管理房地产的开发进程，以保护有限的资源和历史古迹与风貌。通常规划方案要经过议会批准后执行，并且规划中预留未来城市发展空间。

在符合分区条例的一些可供选择的特定分区方法还有：规划地段开发、组团式分区、重叠分区、浮动分区、鼓励性分区、弹性分区、包含分区以及可转移的开发权利。而各种增长管理技术主要对开发的数量、类型、时间、位置和质量进行更直接的公共控制。

主要的管理技术类型有：城市增长分界线、指定开发地区、足够设施法令、司法权管辖范围之外、提供住房分配、增长限制、增长延期以及点数制度。（Mike E. Miles，Gayle Berens，Marc A. Weiss Mike E. Miles，Gayle Berens，Marc A. Weiss2003）。

建筑管制方面：要求所建的建筑物必须达到基本的安全标准，以保护公共卫生与安全。如规定建筑物的高度、一定区域内建筑物的数量、每一建筑物之间的距离、建筑物使用的建筑材料、建筑技术、建筑标准等。

房地产开发程序管制：房地产开发的法规一律由州政府制定，按照房地产开发程序，在开发商获取物业的产权后，向当地政府提供土地规划报告，交政府规划主管部门审批，确定开发项目公用设施及审批，设计与施工图的审批（苗仕儒，2005）。

3.1.2.3　英国政府对房地产的干预

英国是老牌的资本主义国家，政府也采取各种手段对房地产市场进行干预，总结相关文献资料，英国政府对房地产开发相关活动的干预主要包括下述几个方面。

（1）建立完善的住房供应体系。

英国城市居民的住房供应体系由社会公共房屋管理部门和私人机构共同构成。绝大多数居民都是通过私人机构提供的住房（包括出售给居民私人拥有的产权房和出租给居民使用的租赁房）解决住房问题。社会公共房屋管理部门提供的住房（包括政府房屋管理委员会拥有和房屋管理协会拥有的住房）主要通过出租方式，用于解决中低收入家庭的居住问题。公共住房建设采用零星建设的方式，政府还通过规划手段强制要求新的住宅建设项目必须有一定的低收入居民住房。政府建房通过专设机构、提高运营资金实施，并在地方政府设立多个专门的住房建设、管理机构。（从静，梅琳，2005）

（2）计划、行政调控手段。

英国政府采取计划、行政手段调控房地产活动。

英国是一个土地私有制国家，绝大部分土地为私人或法人所有，政府和公共部门所有的土地仅占很小的一部分。英国建立了一个比较完备的土地利用规划体系，土地利用规划自上而下分为4级，分别是国家规划、区域规划、郡规划和市镇规划。与规划分级相对应，各级政府分别负责制定本级土地利用规划，郡和市镇两级为发展规划。其中郡政府负责制定结构规划（Structure Plan），而市镇则负责制定地方规划（Local Plan）。结构规划制定土地利用政策、发展策略和土地利用结构，但并不明确具体地块的用途。结构规划须经中央政府批准实施。地方规划在结构规划的框架内提供详细的土地利用指引，以及指明了土地用途和范围的地图。城市土地开发必须以土地利用规划为法律依据，已审核批准的土地利用规划具有法律效率，违反土地利用规划原则开发土地的行为将受到不同程度的经济和行政制裁（陈勇，2007）。

政府以行政手段为杠杆调控土地市场。在土地的需求量大于供给量，地价上升地区，私人集团或投机商高价出售土地时，英国政府通过国有开发机构（如城市开发公司）、管理机构（如地方规划局）和其他掌握土地的公共机构平价抛售土地，各类机构的土地开发与收益之间的亏损由政府承担。英国的法律规定，政府部门、规划部门和其他公共机构都可以强行征购私人土地，以进行公益性的公共工程，如道路开发、公共绿地。因此，政府于1996年制定了合宜价位住宅用地规划，政府可以低地价土地，以保证住宅低成本的开发建设。（候析民，1996）

（3）经济手段。

政府通过财政、金融手段调控房地产市场。英国与房地产有关的税收分中央税和地方税两大类，中央税种有所得税、增值税、遗产税、印花税；地方税种有财产税，其中包括不动产税和经营性不动产税，是从保有和流转两个环节建立的。政府还对房地产某些活动给予多种税收优惠和经济优惠政策。比如为鼓励宗地再开发行为有特别优惠政策，包括对利用宗地直接审批通过、给予津贴、低利率贷款和税收优惠；同时，严格限制建设占用绿地，在绿地上开发建设采取严格行政审批和增加税收压力。（郭文华，2005）

（4）微观管制等措施。

英国政府采取的微观管制措施主要体现在土地用途、土地开发许可方面，并且有相应的公众参与制度。

英国的土地用途管制不是通过规划限制来实施的，而是通过是否授予开发者以发展权来进行管制的。法律规定，批准规划许可的权利归地方政府，地方规划局在审核批准“规划许可”的时候，必须根据土地利用规划，对私人或集团使用土地提出限制条件，如土地用途的限制、土地利用密度的限制等。相应的英国土地开发许可制度规定，土地所有权人或土地开发者欲从事任何使用作实质性改变的土地开发行为，均必须向地方规划机关申请开发许可；并对获得开发许可而取得的发展价值缴纳发展价值税。这种先审查后开发的土地开发许可制度，是为了确保把开发建设活动对环境的影响降到最低，更加有效地利用土地资源。另外还规定，土地开发者接到市镇村规划机关的开发许可后，必须在5年内着手开发，以确保规划的实施（唐顺彦、杨忠学，2001）。

在实践操作过程中，土地开发规划许可的发放通常附加一定的条件，即开发商必须以现金或实物形式回馈给社会。例如，地方政府可能要求开发商提供必要的基础设施和公益设施，如学校等，或提供20%～30%的房屋给地方政府作为安居房或廉租公屋，以取得规划许可的发放。

规划管制有公众的参与。规划许可的申请遵循一整套严格的程序，其中最重要的步骤包括申请前的咨询、公示和公众咨询、规划委员会审查等。申请者通过申请前的咨询与地方政府之间进行有效的沟通与协调，使得实际申请时能最大限度地与地方规划要求一致，做到有的放矢，避免资源的浪费。公示及公众咨询环节确保公众的参与权，提高了规划过程的透明度。由于公众意见能够得到充分的表达，在很大程度上减少了规划许可批准后土地开发阶段发生矛盾的可能性。此外，还有与之配套的完备的申诉制度，申诉制度的设立有效地制约了规划审查的随意性，保证了申请的公平公正（李明扬，孙翔2005）。

3.1.2.4　新加坡政府对房地产的干预

新加坡是住房问题解决较好、比较有特色的国家。新加坡是一个岛国，土地大部分为国家所有，少部分为私人占有。作为市场经济国家，在住宅建设和分配方面，新加坡政府却不完全依赖于市场，而是计划和市场结合，政府为主、市场为辅，住房供应属于“政府干预下的市场调节补充型”。根据卢为民（2004）、赵德和（2005）、肖元真，屠平，蔡俊煌（2006）、宋培军，张秋霞（2004）等的研究文献分析，新加坡政府对房地产市场的干预主要呈现以下特点。

（1）完善的住房建设体系。

新加坡的住房供应体系可分为两类。一类是政府建设的公共组屋（类似于我国的经济适用房），另一类是私人开发商建设的中高档住宅。政府控制着住房供应市场的主要份额——即公共组屋的建设。为防止少数人拥有过多房产和房地产泡沫，政府采用了直接参与房地产开发和管理的方法，成立建屋局，统一规划、建设和管理。代表政府建设组屋的建屋发展局（简称建屋局）既是政府机构，又是新加坡最大的开发商。目前，全国80%多的人口都居住在这种房屋里。建屋发展局在建屋目标、住宅类型、公房定价诸方面都有计划可循，保障了规划的落实，满足了居民逐步提高的需求。建屋发展的事权集中到政府部门手中，有效地避免了政策的分割性。（宋培军，张秋霞2004）

（2）配套的规划、土地、住区管制。

新加坡住房建设从规划到土地以及住区结构利用各种政策工具都形成了协调、配套的安排。

新加坡规划管理体系由概念规划（土地长期使用策略）和总体规划（区域详细规划）组成。概念规划蓝图主要制定土地和交通的规划蓝图，再制定总体规划蓝图和控制性详规的法定文件。在总体规划蓝图当中，人口密集与非密集区域相关公共配套设施、交通网络、产业布局都有明晰的标记和详细的预算，蓝图垂直性考虑每一区域每年会发展到什么程度，在每个细分的小块，连容积率都有详细的规定。这个规划每五年会进行一次修改，届时将进行公示，专家和市民都可以提出自己的修改意见。在规划中，人口增长是必须考虑的，同时，新加坡政府部门特别关注一个小区域内，人口密集与非密集地块之间的布局和平衡。(赵德和，2005)

土地管理制度类似英联邦国家，新加坡对土地是严格控制的，土地的开发利用基本由政府控制。新加坡将土地划分为900多个小区，对每个小区的土地使用进行详细规划。按照功能，土地分为5类：工业用地、居住用地、基础设施用地、中央商务区用地，未利用用地。（肖元真，屠平，蔡俊煌 2006）

住区结构安排合理。首先，政府在组屋区建设了充足的社区设施和娱乐设施，促进了社区的交流，使居民对其居住地产生了强烈的归属感。其次，在公共组屋内混合了不同户型，适应了不同民族和不同社会阶层居民的需要。第三，在公共住宅区，出售私人住宅地段，吸引私人开发商开发一些高档住宅。这样，就使得一个社区内既有一般的公共组屋（包括销售房和出租房），也有高档住宅，保证了不同收入阶层的人们生活在一个社区内，推动了社区的发展。(卢为民，2004)

3.1.2.5　国外政府对房地产干预总结

综合上述日本、美国、英国、新加坡等国家政府对房地产市场的干预，发现此类发达国家和地区都建立市场经济体制，法律体系比较健全，都会对房地产市场都进行干预。对房地产市场干预采取的手段比较全面，涉及了经济、计划、行政等宏观调控手段，同时也采用大量微观管制措施。相比国内采取的宏观调控与微观管制措施，国外政府采取的干预措施各不相同，都是针对本国国情的，所采取的措施也更全面、更广泛。

国外政府对房地产干预实践提示我们，房地产市场要进行政府干预，采取的措施要符合中国国情，可以采取更合适、更多样的干预政策工具。

3.1.3　我国城市住宅开发政府干预系统构成

本节在分析第1章我国城市住宅开发政府干预的历程基础上，结合本章房地产市场政府干预理论的系统总结，作用于我国城市住宅开发的政府干预措施系统构成如图3.1所示。

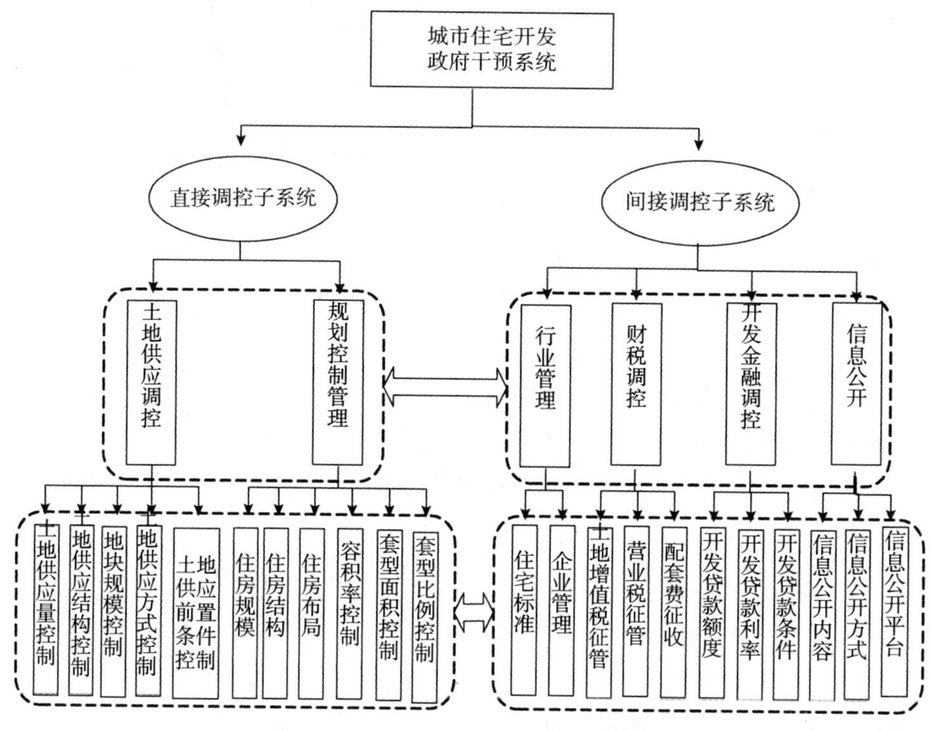

图 3.1　城市住宅开发政府干预系统构成图

住宅市场作为房地产市场的一个组成部分，本文所指的城市住宅开发政府干预系统，是房地产市场政府干预政策措施中调控指向直接针对城市住宅开发的政策措施组成的干预措施系统。

根据市场经济理论，住宅市场由住宅需求与住宅供给两方面组成，并且它们之间相互影响。政府对城市住宅开发政府干预包括了对住宅供需两方面调控，有政府对住宅供给的干预与对住宅需求干预两方面组成。之前出台的房地产市场政府干预政策，既有调控城市住宅开发的政策措施，又有着眼调控住宅需求的政策措施，如“限购”、“限贷”措施。由于现阶段决定住宅供给的主要是住宅新增供给，这又是由城市住宅开发决定的，而且政府对住宅开发的干预比重比较大，所以本文的分析重点是政府直接针对城市住宅开发的政策措施，兼顾考虑政府对住宅需求调控的政策措施，考虑其对城市住宅开发的间接影响。

根据第 2 章系统论的观点，按照政府调控措施的不同特点，从对城市住宅开发影响的效果角度，城市住宅开发政府干预系统可以分为直接调控子系统和间接调控子系统。土地供应调控管理与城市规划管理主要是对开发活动有关的土地供应、土地利用的直接调控，所以，归类到直接调控子系统中。行业管理、财税调控、开发金融调控及信息公开管理是对开发活动的间接调控，归类到间接调控子系统中。各种调控管理手段又由具体的调控措施体现，形成如图3.1所示的政府干预系统。

3.2 城市住宅开发政府干预状况分析

本小节主要对政府调控城市住宅开发的土地管理、规划管理、建设管理、行业管理、税费征管、信息公开等几种干预手段的状况进行分析，并对存在的问题进行论述。

3.2.1 土地管理状况及存在的问题

政府的土地调控手段主要包括土地供应量、土地供应结构、土地供应方式、土地供应前置条件控制等政府干预措施，政府对住宅开发土地管理的状况和存在的问题主要包括以下几个方面。

3.2.1.1 土地管理的状况分析

1. 土地供应总量缺乏计划性

作为房地产构成的要素，土地的供应决定着房屋的供应，土地的供应量决定房屋的供应量，土地供应量对房地产开发投资规模、房价有重要影响。因而从理论上讲，要想控制房价的上涨须增大房屋的供应，若房价涨幅大，就应该加大土地供应量。但现实中政府对土地的供应随意性较强，缺乏与市场规律匹配的供应计划。

以济南市为例，图3.2为济南市历年购置土地面积、住宅销售价格趋势图，从图中可以看出，从1998年到2006年，济南市的土地供应并没有随着房价的变化而调整，土地供应没有针对市场情况进行科学的、有计划的供给，土地供应计划与房价之间缺乏关联。

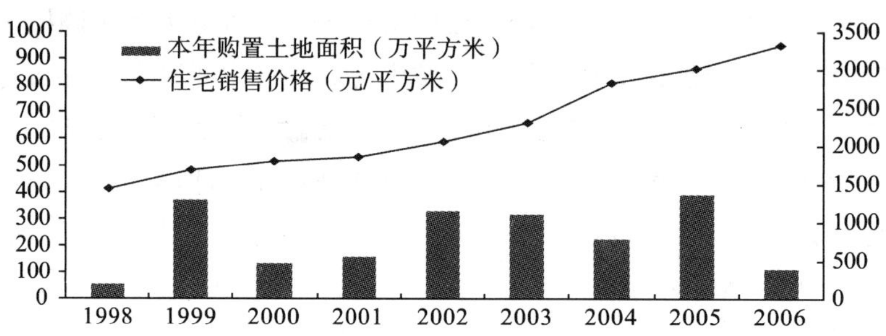

图 3.2　济南市历年购置土地面积、住宅销售价格趋势图[1]

2. 地块规模缺乏控制

地块规模对房价、居住公平性以及土地利用效率都有较大的影响（喻颖正等，2002；况伟大，2004））。因此，土地出让除了要避免零星地块外，单宗地块规模也不宜过大，而地方政府在进行土地出让时对此并没有专门的考虑和要求，导致地块规模缺乏控制，存在单宗地块规模过大、大地块占总量比例高的现象。

以济南市2006年住宅项目实际情况为例，具体数据见表3.1，数据统计结果描述见表3.2。

表 3.1　济南市 2006 年 117 个住宅开发项目的土地面积（公顷）[2]

0.513	1.964	0.318	3.732	1.721	0.235	0.296	1.631	1.427	0.491
2.116	12.296	5.941	0.937	3.001	2.600	2.876	20.577	0.590	0.276
0.542	1.049	10.415	1.027	5.719	0.712	0.890	1.888	8.200	15.701
1.212	2.301	0.985	1.716	0.434	4.025	5.681	9.779	0.363	5.507
0.494	1.715	0.542	0.137	0.774	3.113	0.144	4.282	0.418	0.945
0.467	0.517	1.906	10.242	1.599	1.807	0.949	3.090	0.624	1.189
0.231	5.858	0.152	1.780	0.105	0.325	0.678	3.664	0.033	1.333
1.535	2.034	0.099	0.995	3.150	1.085	0.653	7.942	5.070	7.934
7.132	1.076	0.242	3.273	0.850	57.772	53.332	0.343	0.690	11.803
0.807	3.117	0.805	32.910	20.040	17.900	11.830	0.818	2.352	2.188
103.233	44.617	11.549	3.151	7.139	62.678	9.911	2.811	2.194	2.450
3.710	1.226	3.069	5.923	89.711	0.997	0.993			

[1] 数据来源：2000－2007年《济南市统计年鉴》、《济南年鉴》

[2] 数据来源：中国土地网的济南市房地产开发土地供应情况和开发利用情况公示表

表 3.2　全部项目数据统计指标

	最小值	最大值	总和	平均值
土地面积（公顷）	0.03	103.23	805.94	6.8883

从表 3.1 和表 3.2 可以看出，济南市 2006 年住宅土地供应主要存在以下几个方面的问题。

（1）少量大地块占供地总量比例较高。

以土地面积表示的项目统计来看：总项目个数 117 个，总供地规模 805.94 万平方米，超过 50 万平方米的项目 5 个，且 5 个项目的建设规模达到 366.726 万平方米，超过 50 万平方米的项目个数占总项目个数的 4.27%，超过 50 万平方米的项目用地规模占总供地规模的 45.50%。

（2）单个项目规模太大。

如山东鲁能康桥置业有限公司的长清大学园区中心区南部项目占地面积 103.23 公顷；一处位于工业北路的历城区张马片区经济适用房建设项目，该项目占地面积超过 3000 亩[1]。地块规模缺乏控制，大地块比重过大。开发商垄断程度太高，必然对房价调控、土地交易、土地利用、后期管理等带来不利影响。

3. 拍卖土地的供应方式助涨了房价

当前我国土地供应方式中，拍卖是其中的一种主要形式。在市场火爆情况下，由于土地拍卖的地价比较高，可以使地方政府获取较高的土地收益，充分体现了土地的资源价值，但它同时抬高了后期房屋开发的成本，助涨了房价的上涨（刘琳，2004；车江洪，1994）。一旦市场转冷，地王则会成为烫手山芋，使企业难以按预计开发计划进行。同时，市场交易冷淡情况下，土地拍卖易出现流标的现象，影响企业的发展及开发活动的平稳进行。

此前，各地不断有土地进行拍卖，不断刷新当地的地价，创出当地的新地王。如在杭州，2007 年 5 月 30 日，钱江新城一面积 126 亩的地块拍出 34.9 亿元的高价，创下了每平方米楼面地价 11759 元的新纪录。这比 2006 年 9 月底出让的杭州市中心地王的楼面单价还高出近千元。土地拍卖不断创出新高地价，刺激着楼市，各地土地拍卖的火爆气氛借助媒体也不断影响刺激全国的市场。

[1] 数据来源：搜房网（http：//soufun.com/news/2005－06－09/435457.htm）

而当前，各地不断有土地流拍、地王退回及转手的现象出现，如广州、深圳、南京都有这样的案例，对企业发展造成不利影响。[1]

3.2.1.2 土地管理的问题分析

1. 控制土地供应总量调控开发投资规模的效果不显著

当前，严格控制土地供应总量是调控房价与控制投资规模的重要手段，但实践表明效果并不理想。本文以某些城市土地供应总量与开发投资规模之间的关系来说明其调控效果。

两者理论关系：土地作为房地产基本构成要素，供应影响着房地产开发投资规模。在中国，土地供应由政府垄断，因此，理论上来讲，控制了土地供应的总量就控制了投资规模，投资规模应随土地供应规模大小而变化，它们之间应该有密切相关的关系。

根据房地产开发的流程，企业从支付地价款获取政府供应的土地，经过设计阶段、完成所需要的各项行政审批手续、最终获得施工许可后，才能进入要投放大量建安工程款的建设施工阶段。在这个过程中，项目的进度会受到各个参与方工作进度的影响，使政府供应的土地并不能同步通过各个阶段，各个项目的进展有快有慢。所以，土地供应能控制一段时间比如几年的开发投资总数量，但土地供应不能控制某一年度开发投资规模。因此，控制土地供应数量并不必然控制开发投资的总规模。

根据我国统计指标的解释（济南市统计年鉴，2006），本年购置土地面积是指在本年内通过各种方式获得土地使用权的土地面积。房地产开发本年完成投资是指从本年1月1日起至本年最后一天止完成的全部用于房屋建设工程和土地开发工程的投资额。因此本年购置土地面积能够反映当年土地的供应量，房地产开发本年完成投资能够代表房地产开发投资情况，反应房地产市场上新增房屋供给情况。

理论关系假设：房地产开发投资总量受土地供应量的控制，两者密切相关；实际关系假设：房地产开发投资总量受土地供应量的控制弱，两者不密切相关。

---

[1] 数据来源：焦点房地产网（http：//house. sohu. com/news/2008 - 08 - 01/510640. html）

数据：本文选择山东省的省会城市济南为例进行分析，如表 3.3 所示。

表 3.3　济南市土地供应与房地产开发投资统计数据[1]

年度	本年购置土地面积（万平方米）	房地产开发投资额（亿元）
1997	81.5	18.5
1998	54.3	24.0
1999	371.1	35.3
2000	131.2	50.5
2001	157.5	61.9
2002	326.5	76.5
2003	314.8	89.8
2004	225.9	110.3
2005	391.8	121.1
2006	111.2	160.1
2007		193.2

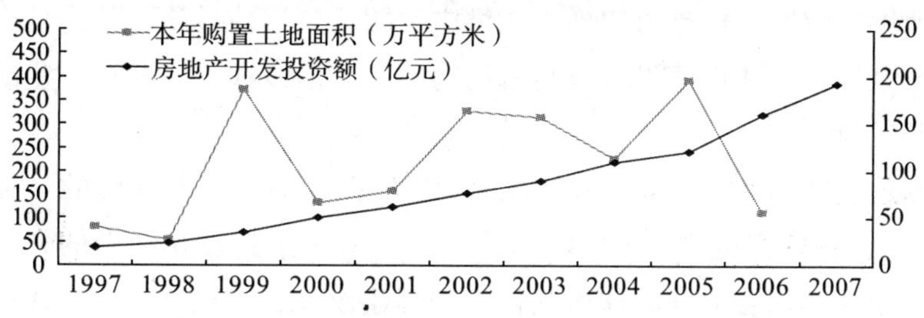

图 3.3　济南市土地供应与房地产开发投资趋势图

利用 SPSS 统计分析软件，考虑到由购置土地到开发的时间差，分四种情况对房地产开发投资与土地供应数量的相关关系进行计算，第 1 种情况不考虑购置土地与开发投资完成的时间差；第 2 种情况考虑一年的时间差；第 3 种情况考虑二年的时间差；第 4 种情况考虑三年的时间差。结果如表 3.4 所示。

[1] 数据来源：济南市统计信息网

表 3.4 房地产开发投资与土地供应数量相关性计算结果

计算情况	0	1	2	3
PearsonCorrelation 积距相关系数	0.263	0.300	0.633	0.465
N 样本数	10	10	9	8

由计算结果可以看出，房地产开发投资与土地供应数量的相关系数值不高，最高为0.633，其余的数值都小于0.5，结合济南市土地供应与房地产开发投资趋势图3.2，说明房地产开发投资与土地供应数量相关性不强，反映出控制土地供应并不必然能控制投资。

原因主要是我国开发前期土地供应不稳定，大量土地被囤积，没有进行实质开发。据国务院发展研究中心、建设部政策研究中心、全国工商联房地产商会及中国经济年鉴社2007年9月16日共同发布了《中国房地产企业竞争力研究报告》，提供的数字显示“2005年我国房地产企业平均新增土地储备36.2万平方米，而去年这一数字达到51.11万平方米，提高了41.18%”。

2. 住房配建措施影响住宅开发效果

土地供应前置条件是落实到土地供应中的一项调控措施，是为解决保障性住房、政策性商品住房建设数量与布局问题的。但该项措施存在一些缺陷，影响住宅开发效果。

根据建设部等9部委联合发布的从2007年12月1日起实施的《廉租住房保障办法》，新建廉租住房采取配套建设与相对集中建设相结合的方式，主要在经济适用住房、普通商品住房项目中配套建设。各地地方政府对住房布局与建设也制定了一系列政策措施，提出了一些具体可操作性手段，如《北京市“十一五”保障性住房及“两限”商品住房用地布局规划》中明确提出：作为入市条件，开发建设项目必须按15%的比例配套建设保障性住房及限价商品房。该措施愿望是好的，国外也有类似配建制规定，但会对建设标准的界定、物业管理、公建设施定位产生不利影响。

首先是建设标准的界定。一个社区内的建筑是否执行统一的标准？如果按统一建设标准来建造，对中低收入住房来说门槛可能太高，而对高收入者来说建设标准又可能太低。而在一个规模较小的住宅区，如果建筑标准不统一的话，出现差异很大的两种或多种规格的建筑，不仅不和谐，也会造成同社区的贫富差距悬殊，导致高收入的购买者不满意，中低收入住房购买者也不满意的现象。

其次是物业管理费的收取。由于物业管理费用需要长期支付，如果按照高收入者的需求进行物业管理并收取物业管理费，那么中低收入者会感到吃力。而在一个小规模的住宅区实行两套物管模式的话，肯定会造成管理混乱，带来争议。

再次是公建设施建设标准的定位。为高收入者住房配套的公建设施通常较高档，物业公司为了能给业主提供增值服务，运营成本高，收费往往也较高，而这往往是低收入者难以承受的。

此外，配建制方式中保障性、政策性住房在整个项目中的位置和布局安排往往受到开发商追求利益的影响，理性开发商会把地块中地理位置最差的安排为保障性住房的建设用地，以挖掘其它位置建筑的最大效益。

因此，配建制政策在促进政策性住房建设的同时，会给同建的其他商品房建设带来不利影响。

3. 住房价格管制手段效果不理想

价格管制手段也是反映在土地供应前置条件中的用于控制房价采取的一项措施，从理论上说，这是一项控制房价的直接有效的措施，但实际效果值得商榷。

总结中国土地挂牌网上各地限价房政策，其共同特点是“竞争地价、限制房价”，除此之外，许多城市还对户型、销售对象、价差、规划方案等进行了限制❶。

限价房价格确定基本上参照比较法确定，即比同类地段住房成交均价低15% ~20%。但由于限价房的容积率大多较高，且建设的标准要低于商品房，因此从性价比的角度看，限价房的价格并不低。根据价格限制对市场的影响效果，价格上限超过其均衡价格，则调控房价的目的落空，这会背离了政策制定的初衷，出现限价房滞销的现象。如成都出现符合购房条件但买不起，无奈放弃的现象❷。此外，存在定价不规范，限价房高过商品房的现象。如2006年8

❶ 资料来源：中国土地挂牌网（http：//www. landlist. cn/zhuanti/xjf. html）。

❷ 资料来源：中国新闻网（http：//www. chinanews. com. cn/estate/zcfg/news/2007/05 - 15/935409. shtml）

月广州市国土房管局首推限房价地块，两个位于开发区的地块被要求建成90平方米以下中小户型，房价不得超过6000元/平方米。然而，这两个地块附近的商品房价却基本只在5000元/平方米左右，并且政府的“限价房”容积率要远远高于商品房，也就是说，政府的“限价房”不但高出商品房市价1000多元，而且居住环境也相对较差❶。

此外，限价房价格参照商品房价格制定，如果商品房价格上涨，那么限价房价格也会随着水涨船高。当前供地的限价房在经过开发周期、建设完工后价格或将比现在的普通商品房价格更高。

根据第2章价格限制对市场影响的理论分析，价格上限有限制作用，能在短期调控房价，但会产生供给不足、市场短缺的现象。如果供应量过少，对房价调控作用也不大。另一方面，当限价过低，企业开发利润达不到预期目标，就会影响企业开发的积极性，导致限价房土地的流拍。目前，限价房政策处在实施的前期阶段，全国并没有形成成功、成熟的限价房管理经验，在落实限价房政策的过程中应注意上述问题。

3.2.2 规划管理状况及存在的问题

政府对住宅开发的规划调控管理主要体现在规划指标控制以及住房建设规划编制管理方面，政府利用城市规划手段来控制住宅开发的土地利用强度和套型比例，利用住房建设规划来控制投资规模、住房供应数量、住房供应结构及布局。各地政府加强了上述两方面规划管理工作，但当前提出的规划控制指标以及住房建设规划的编制存在不科学、不合理的问题。

3.2.2.1 规划控制指标对住宅开发存在不利影响

国办发［2006］37号文，商品住房建设，套型建筑面积90平方米以下住房（含经济适用住房）面积所占比重，必须达到开发建设总面积的70%以上。根据建设部出台建住房［2006］165号文，规定城市规划主管部门要依法组织完善控制性详细规划编制工作，首先应当对拟新建或改造住房建设项目的居住用地明确提出住宅建筑套密度（每公顷住宅用地上拥有的住宅套数）和住宅

❶ 资料来源：新华网（http：//news. xinhuanet. com/comments/2006－08/07/content_ 4928259. htm）

面积净密度（每公顷住宅用地上拥有的住宅建筑面积）两项强制性指标，指标的确定必须符合住房建设规划关于住房套型结构比例的规定；依据控制性详细规划，出具套型结构比例和容积率、建筑高度、绿地率等规划设计条件，并作为土地出让前置条件，落实到新开工商品住房项目。

住宅密度控制指标在控制住宅开发外部性方面有作用，但在控制住宅公平性方面存在不足。套型结构比例的规定虽然对改善住房结构有直接的效果，但也可能带来住房的闲置、房屋资源的浪费。

1. 新增住宅密度强制性指标不足以调控住房的公平性

住宅建筑套密度反映了单位住宅用地上提供的住宅的套数，该指标在一定程度上反映了住房的公平性，但该指标自身不足以调控住房的公平性。因为，单一指标自身无法控制不同结构形式下的住房结构。若结构形式不同，住房的面积净密度就不同，即使具有相同的住宅套密度，但住宅套面积可能相差数倍，如多层 1.2 的容积率与高层 2.4 的容积率，在套密度相同情况下，多层若建设平均套面积 120 平方米的房子，高层可以建出平均套面积 240 平方米的房子。

2. 套型结构比例的规定阻碍了市场机制的有效发挥

根据上面的分析，住宅建筑套密度、住宅面积净密度两项强制性指标并不能直接控制套型结构比例，住房套型结构主要通过 90/70 政策来控制，这又会影响市场机制配置资源的效率。

消费者对住房套型的需求是由收入决定的，一定时期内，在项目区域价格一定的情况下，大套型、高总价适于高收入者购买，中低收入者只能选择中小套型、低总价的住房。而住房资源在不同收入者之间如何分配，市场机制是最有效率的。上述思想，换一角度来说，即住房的套型比例一旦确定，产品目标客户也就确定了，政府通过套型比例规定对房屋资源进行了配置，而市场作为配置资源最有效率的机制却无法发挥其作用。因此，套型比例的规定可能会导致市场的无效率，出现低收入者买不起，高收入者不满意的情况，导致房屋短缺与闲置并存的现象出现。

3. 新的强制性指标与住房套型结构比例难以协调

根据上述建住房［2006］165 号规定，首先在控制性详细规划中对住房建设项目的居住用地提出住宅建筑套密度和住宅面积净密度两项强制性指标，同时指标应符合住房套型结构比例的规定。该要求并不合理，因为两者之间难以直接协调，无法保证提出的两指标一定能符合套型结构比例的要求。

住宅建筑套密度、住宅面积净密度两项强制性指标与住房套型结构比例难以建立直接的联系，因而控制性详细规划中对住房建设项目的居住用地提出的住宅建筑套密度、住宅面积净密度两项强制性指标要是否符合住房套型结构比例的要求无法事先判断，这可以通过它们之间的关系分析进行说明。

根据住宅建筑套密度、住宅面积净密度、住房套型结构比例的含义，它们之间有如下关系：

住宅建筑面积＝住宅面积净密度×住宅用地

住宅套数＝住宅建筑套密度×住宅用地

住宅建筑面积等于套型建筑面积 90 平方米以下住房面积与套型建筑面积 90 平方米之上住房面积之和。

套型建筑面积 90 平方米以下住房面积＝套型建筑面积 90 平方米以下住房的平均套面积×套型建筑面积 90 平方米以下住房的套数≥70%×住宅建筑面积

套型建筑面积 90 平方米之上住房面积＝套型建筑面积 90 平方米以上住房的平均套面积×套型建筑面积 90 平方米以上住房的套数＜30%×住宅建筑面积

套型建筑面积 90 平方米以下住房的套数≥0.7A/90。

套型建筑面积 90 平方米以上住房的套数≤0.3A/90。

在上述的关系式中，套型建筑面积 90 平方米以下的平均套面积是一个不确定的数值，因而套型建筑面积 90 平方米以下住房的套数也是一不确定数值，必须确定面积和套数其中一个数值才能确定另一数值。对套型建筑面积 90 平方米以上住房也是一样道理。所以根据住宅建筑套密度、住宅面积净密度、住房套型结构比例的关系，无法根据住房套型结构比例的要求确定两强制指标。

3.2.2.2 住房建设规划编制不够科学合理

住房建设规划确定了住房建设的规模、结构、布局，其基本目的是满足居民的居住需求。科学合理的住房预测是住房建设规划制定的前提，但当前的预测决策方法不够科学、合理，存在着问题。

以济南市住房建设规划的制定为例，住宅需求预测采用了回归分析预测方法、人均建筑面积预测方法。回归分析预测方法根据 1998～2004 年济南市中心城区住宅综合需求量数据，采用回归分析的数学方法构建模型，根据该模型预测得到“十一五”期间市区中心城住宅有效需求量的万平方米数。人均建筑面积预测方法是根据“十一五”房产管理发展预测，考虑平均每年人均住宅建筑面积的增加，预测2010年人均建筑面积达到的面积标准以及中心城区人口将达到的规模，再减去当前实有的面积测算出“十一五”中心城区住宅需求总量和年均需求量的面积规模。最后比较上述方法一和方法二的预测结果，取二者的算术平均数作为预测结果❶。

上面的实例中，住房建设规划确定的住房规模以住房建设总建筑面积为引导，需求预测的确定没有充分考虑城市未来一段时间内各类收入群体的数量及其有效的住房需求。现状分析缺乏对住房供应情况全面详细的分析，仅对存量住宅进行了说明，对增量住宅预期供应如处于获取土地使用权阶段、审批阶段、施工阶段的住宅情况进行说明，住房需求预测不科学、不合理。

由于住房需求预测没有从满足家庭需要最终要求出发，不能对住宅套面积、套密度有合理的控制标准，也就不能对区域住房建设控制与项目套型结构要求进行很好的衔接。

总的来说，政府对城市住宅开发的规划控制管理不够科学和合理。

3.2.3　行业管理的状况及存在的问题

住宅房地产开发市场是对经济、社会、环境影响巨大的市场，我国政府通过设定进入市场的企业资质条件和住宅开发建设标准来进行房地产开发行业管理，以保证住宅开发活动的健康运行。但是，当前企业行为不规范的现象层出不穷，住房质量投诉不断，开发行业管理存在不少问题，影响了住宅开发的健康发展。

3.2.3.1　我国政策性住宅标准指标不完善

政府行业管理的一项任务就是制定产品的标准，当前，住宅标准有很多，如健康住宅标准、智能住宅标准、绿色建筑评价标准、经济适用房标准、住宅建设标准、住宅设计标准、住宅性能评定技术标准，以及要强制执行的住宅建

❶ 资料来源：济南市土地储备中心内部资料

筑规范。住宅的这些规范和标准，从不同角度对住宅的供应、设计、使用、改造、评估做出了规定，但与住宅供应标准相关性比较强的是住宅政策性标准，如各地制定的住宅设计建设标准、政策性住房标准（如经济适用房标准）以及税收调控的住宅标准，其内容是随住房改革以及社会发展逐渐变化不断提高的，这可以从政策性住宅标准变迁反映出来，但问题在于住宅供应标准控制指标不全面。

1. 政策性住宅标准变迁

我国政策性住宅标准是随我国住房体制改革、经济与房地产市场发展变化而发展的，在不同阶段住宅标准控制指标是不同的。通过对当前政策规定分析以及邵磊（2003）、夏有才（2003）的研究总结，按住房体制改革的进展、住宅标准的发展大体有以下几个阶段，呈现以下特点。

（1）住房体制改革前期，住宅标准是严格控制面积标准。

（2）住房体制改革初期，住房标准包括了对住宅套面积、套型、高度、功能与室内环境、设备与设施、建筑结构与安全防护、装修等控制指标的限制。

（3）从20世纪80年代中期到90年代中期，决定住宅标准的权力逐渐由政府向房地产开发市场转移，政府不再过多强调对新建住宅标准的控制，对住宅面积标准失去控制。

（4）20世纪90年代后期，国家对于住宅标准以指导性政策为主，通过支持科研和试点工程的方式进行示范。

（5）20世纪90年代末期，无论是商品房还是经济适用房，面积大、价格高几乎成为住宅开发的主要特点。

（6）而到了21世纪，住宅结构问题愈益突出，政府重新开始加强住宅标准控制，其控制主要体现在项目容积率、套建筑面积、套型比例以及住宅套密度和住宅产品成品度等指标控制上。

2. 住宅标准指标体系不够全面

通过上述的分析，可以发现住宅的标准是变化的，特别是政策性住宅标准更是随社会的发展不断变化，其控制指标内容越来越丰富，但指标体系还是不全面的。比如对于套住宅来讲，其标准涵盖了面积和功能指标，对住宅项目来讲其标准涉及了容积率、套型比例、套密度、住宅成品度。虽然政府出台了很多政策鼓励建筑中的资源能源的节约，比如：建筑执行节能标准；要求新建建筑物按节能65%的要求进行设计；要求推进住宅的装修一次到位；建筑中太阳能建筑一体化设计安装，但是没有形成住宅标准调控指标体系。作为影响住宅可持续发展的住宅控制指标不够完善，其它指标如性能指标没有进行控制，住宅成品度指标也只是引导性的。另外，对经济适用房、普通住宅供应标准的界定不明确，虽然在用地及套型面积有所限制，但缺乏更具体的指标的配合。

3.2.3.2　政府对开发企业管理模式单一

当前政府对开发企业的管理主要是通过直接资质管理进行，对企业行为的规范力度弱、模式单一，企业无资质开发以及违规开发经营屡见不鲜，破坏了市场秩序，阻碍了城市住宅开发目标的实现。

根据2007年八部委房地产市场秩序专项整治查处结果，开发企业主要存在如下的违法违规问题：未按规定缴纳营业税等税费；非法占用土地进行房地产开发建设；取得土地使用权后，闲置两年或两年以上未开发建设；未取得建设工程规划许可证进行建设，或违反建设工程规划许可规定进行建设；未取得施工许可证或者开工报告擅自施工；不符合商品房预售条件，向买方收取预订款或预售商品房；未取得预售许可发布预售广告，或发布的房地产广告欺骗和误导公众等（王炜，2008）。此外，很多腐败案件与房地产资质审批有关。

3.2.4　税费征管与开发金融调控状况及各自存在的问题

财税、金融手段是政府调控经济活动重要的经济手段，当前与住宅开发政府干预问题密切相关的财税、金融调控涉及了土地增值税、营业税征管以及房地产开发贷款政策问题。

3.2.4.1　土地增值税的征管与影响

土地增值税是国家为了规范土地、房产市场交易秩序，合理调节土地增值收益，维护国家权益而开征的税种。在国税发［2006］187号文以前，根据原《中华人民共和国土地增值税暂行条例实施细则》规定，各地税务部门往往倾向于用较低税率（约0.5%～3%）对纳税人按销售额进行预征，在项目竣工时清算。但因房地产开发企业账目较混乱，清算成本较高，土地增值税的征收，特别是结算工作一直没有很好落实，部分地区甚至没有预征。

根据2006年12月28日国家税务总局出台的《关于房地产开发企业土地增值税清算管理有关问题的通知》（国税发［2006］187号），自2007年2月1日对满足土地增值税清算条件的，纳税人应进行土地增值税的清算；不能进行清算的，税务机关可以参照与其开发规模和收入水平相近的当地企业的土地增值税税负情况，按不低于预征率的征收率核定征收土地增值税。

此后，各地实际征收时，对房地产开发项目土地增值税的征收方式是预征与清算方式并存，如南京市地方税务局发布公告，对房地产开发项目实行先预征后清算的土地增值税征收方式。

根据第2章税费转嫁理论，房地产的需求弹性总的来说比较小，这使得税费转嫁比较容易。另一方面，房地产供给弹性也小，使得税费难以转嫁。因此，房地产的税费转嫁程度取决于供求力量的对比。如果需求弹性小于供给弹性，则税费转嫁给消费者的部分就大；如果需求弹性大于供给弹性，则税费转嫁给消费者的就少。对于房地产来说，多为后一种情况。但是我国不少城市，市场的需求弹性小于供给弹性，则税费转嫁给消费者的可能性很大。当然，不同类型的房地产其供求特性不同，税费转嫁的程度也不同，特别是对房地产市场这种具有地域特点的市场，在我国各地差别很大的情况下，其转嫁的程度肯定不同。

土地增值税征收方式不同，使得这一税种具有了不同的税收性质。采取预征的办法，是按收入或者说是价格的一定比例征税，使土地增值税具有了类似营业税的特点，即通过交易流转课税、间接税特点。所以，土地增值税只预征不清算，在某些地区市场需求旺盛的格局下，房地产市场是典型的卖方市场，税收的前转性强，开发商容易将增加的税款向消费者转嫁，造成房价上涨，对房价起到推高的作用。比如企业在估测价格时就直接把预征的土地增值税计入了房价中。而对土地增值税进行清算，是对开发项目的增值额进行计税，实际上是对项目的所得进行课税，具有直接税的特点，所以，税负不易转嫁，因而不会直接抬高房价。

3.2.4.2 营业税对住宅开发的不利影响

营业税是构成住宅价格的重要组成部分，它的征管对住宅开发有不利影响，有需要改进的地方。

1. 营业税征收的有关规定

凡从事房地产开发经营的单位，在房地产销售后，以其销售收入额为征税对象，按销售不动产征收营业税，税率为5%。计税依据是纳税人提供应税的营业额。房地产开发企业销售商品房时，其营业额包括全部价款和价外费用。如根据鲁地税发［2005］23号《山东省地方税务局房地产开发企业税收征收管理暂行办法》第十条规定，价外费用包括向对方收取的手续费、基金、集资费、代收款项、代垫款项及其它各种性质的价外收费，如开发商向购房者收取延期付款利息、集中供热、管道煤气、有线电视、电话等费用（不包括住房维修基金）。这里，代当地政府及其职能部门收取的一些资金，如代收城市基础设施配套费、增容费等，均应全部计入销售不动产的营业额中征收营业税。

2. 营业税对房价的影响

根据营业额与价格的关系，如果房地产开发项目全部销售的话，

营业额 = 单位（销售价格 + 价外费用） × 可销售面积

则营业税与价格关系可以表示为：营业税 = 营业额 × 可销售面积 × 税率

根据上述公式可知，营业税与营业额、价格成正比。

对房地产价格来讲，代当地政府及其职能部门收取的资金作为营业税征收中营业额的一部分，增加了营业税的税额，进而增加了房屋的成本，抬高了房屋的价格。

3. 营业税的计税方法对住宅产业化发展有不利影响

现行的税费计征办法不利于住宅产业化的推行，不利于住宅开发使用过程中能源、资源的节约，不利于住宅品质的提高。

要提高住宅开发使用过程中对能源、资源的利用效率，保持住宅开发中生态可持续发展，就要提高住宅的品质，推行住宅产业化，推行住宅建设生产的工业化生产、部品化供应，要采用新技术、新材料、开发成品房等措施。这就会增加住宅的开发成本，抬高住宅的成本价格，由于政府征收的营业税以及城市维护建设税和教育费附加以价格为基数，因此其税费也会增加。营业税是价内税，增加的税费可以转嫁给消费者。下面以成品房提供为例，来说明税费的增加以及上游产品与服务提供企业转嫁的税费带来的影响。

与成品房全装修相关税收有：对开发企业征收的营业税率为5.5%；对装修公司征收营业税税率为3.78%；此外还有以价格为基数的契税、公共维护基金等。

若成品房比非成品房装修部分的差价为A，则提供成品房装修的企业被征收的营业税为3.78%A，该部分税收若转嫁到成品房价格中，则成品房的造价就会增加3.78%A；由开发企业直接提供给消费者成品房与提供毛坯房由消费者自行装修到成品房标准比较，即使开发企业不赚取这部分的利润，在销售给消费者时假定价格中只有为补偿其成本增加的成品房与非成品房装修部分的差价，其销售税费最小增加5.5%A。而开发非成品房，由消费者自行装修到成品房的程度，装修企业可以不给消费者个人开发票，从而可以为装修企业免掉3.78%A的营业税，开发企业自身可以免掉5.5%A的营业税。消费者购买非成品房价格若比成品房低A，相应的契税、公共维修基金都可以降低。所以，现行的税费政策是不利于住宅产业化发展的。

同理，采用其它的产业化部品、产品，在提高产业化水平和住宅品质及社会效益的同时，必然会增加住宅的建设造价，增加开发企业的税费支出。这样的税费政策必然阻碍住宅产业化的推进。

3.2.4.3 金融调控状况及存在的问题

房地产金融调控可以分为开发投资调控与消费调控两大方面，从调控供给角度来讲，房地产开发贷款是政府调控的重要工具。当前，主要通过房地产开发贷款条件来影响开发的进行，主要体现在对项目类型、项目资本金要求以及贷款额度、贷款利率、贷款期限调控等方面。

当前房地产信贷政策除对经济适用住房开发给予优惠，有助于增加经济适用住房开发建设力度以外，信贷政策对其它房地产开发和住房消费在总体上将实行从紧政策。一是信贷规模受到严格控制。2008年，将实施紧缩信贷政策，新增贷款严格控制在3.6万亿元左右。同时，银监会还严格限定了每个季度的贷款使用额度。二是房地产贷款审核更加严格。金融机构对房地产项目超过土地出让合同约定的动工开发日期满一年，完成土地开发面积不足1/3或投资不足1/4的企业，实行审慎贷款和核准融资，从严控制展期贷款或滚动授信，对违法用地项目不得提供贷款和上市融资。三是进一步提高存贷款利率的影响。在可能继续提高存贷款利率的前景下，将增加房地产开发企业的贷款成本，加大房地产开发企业的资金压力，从而对住房供应产生影响（刘国旺，2008）。

除了对经济适用房开发给予贷款支持，当前的房地产开发供给金融调控是从紧的，在我国，开发企业资金实力较弱的情况下，不利于行业的发展，也影响了住宅开发的稳步发展。

3.2.5　信息公开状况及存在的问题

根据第2章市场失灵理论中不完全信息领域的介绍以及政府失灵理论的有关内容，住宅开发领域既存在市场信息不完全的现象，又存在住宅开发政府管理腐败的可能，因此需要市场信息和政府信息公开。城市住宅开发的市场信息公开和政府信息公开，分别起着引导市场发展和规范市场交易，规范政府行为的作用，是调控城市住宅开发的重要手段。由于我国房地产市场发展历史短暂，房地产市场信息管理工作不完善，所以，城市住宅开发信息公开还存在很多不足，难以发挥应有的作用。

3.2.5.1　信息公开状况

当前，城市住宅开发有关的政府信息公开没有建立完善成熟的系统。虽然有部分城市对城市住宅开发相关信息有专门的、初步的信息公开，但信息比较少，而且比较分散。更多的信息公开是政府相关网站通过公示的形式，发布的部分影响城市住宅开发的行政审批办理信息。如土地市场网上土地招拍挂信息、土地市场统计信息，规划局网站上土地规划政务公示信息等。

当前，房地产市场信息公开主要是通过建立房地产市场信息系统进行的，系统的状况也反映市场信息公开的状况，但系统主要以规范房屋交易为目的。具有以下特点：房地产市场信息系统是落脚于“房”，以房地产登记为基础，以网上合同备案和二手房交易制度为抓手，以商品房销售合同网上备案为核心，通过建立“楼盘表”，基于“地—楼—房”的基础地理信息数据，按照“项目信息－楼盘－幢信息－户列表－户信息”的层次来逐步描述楼盘的销售情况的系统。当前各地重点公布分类、分区域的商品房、存量房的可售（租）套数、房型、面积及已售（租）套数、面积、户型、实际成交价格，商品房项目的预售许可、权属状况、规划设计情况及建筑面积、套内面积、公用分摊面积等即时的市场供求信息。提供一手房和二手房的交易统计等主要服务。

3.2.5.2　信息公开存在的问题

虽然房地产市场信息系统已初步建立，各地通过各种方式，特别是在相应的政府网站上对有关的信息也已有大量披露，但还存在不少问题。

1. 缺乏统一的住宅开发信息公开系统

虽然全国主要城市已经建立了专门的房地产市场信息系统，但缺乏专门的市场信息公开与政府信息统一的协调的信息公开系统。比较全国40个重点城市的房地产市场信息系统，即使系统建设的比较完善、全面的北京、上海等城市，也缺乏城市住宅开发管理政府信息公开系统，或者即使系统设计了与城市住宅开发有关的信息指标，其内容也存在缺失，更别提系统建设的好坏。

2. 信息公开形式不规范

由于缺乏专门的政府信息公开系统，有类似作用的是城市住宅开发过程中与政府行为、政府行政审批公示有关信息。如土地招拍挂公示信息、项目规划公示信息、项目审批备案核准的公示信息。但是由于信息标准不统一，政府机关各自为政，相应的信息系统自成一体，系统之间不相联通，缺乏有效整合，政府大小部门间最终形成了一个个信息孤岛。隔断了部门内业务上的内在联系、致使丰富的信息资源难以得到共享，同时，城市住宅开发管理信息的发布在各种政府部门的网站上，信息用户需要到处去搜索才可能了解到需要的信息，增加了搜寻的成本。此外，当前网络技术发达，这些信息一般通过政府相应机构网站公示，一段时间公示后信息就被删除，此后无处查询和了解，信息公开的效果不佳，难以发挥政府信息公开的作用。

3. 信息公开的内容不全面

关于公开的城市住宅开发管理政府信息的内容方面，虽然没有专门的城市住宅开发政府干预信息公开系统，通过公示发布的信息持续时间短，不过有关的规划信息、计划信息、审批信息等还是在一定时间内可以搜寻到，但由政府控制与政府行为规范有关的项目的管制信息、项目的条件变更信息等城市政府信息中难以寻找，政府信息公开内容不全面，难以满足城市住宅开发及管理规范化的需要。

3.2.6 政府干预问题问卷调查结果分析

综合分析上述政府干预问题，可以发现，城市住宅开发政府干预主要问题在于地方政府，其次是中央政府。因为，整个城市住宅开发政府干预的手段措施中，存在问题的土地供应、城市规划、行业管理、信息公开都是由地方政府实施的，财税政策、金融政策主要由中央政府制定、发布。

上述观点与问卷调查的结果吻合。在对房地产开发可持续发展的主要影响因素调查中，选择城市地方政府的比例最高，依次为中央政府、省级地方政府，具体的数据是 72% 选择城市地方政府，68% 选择中央政府，64% 选择省级地方政府。对于房地产开发可持续发展的政府管理活动存在问题的因素调查中，对影响程度大、最大的存在问题的政府干预活动选择中，城市规划、土地供应数量、土地供应方式、土地供应前置条件分别以 79%、78%、74%、67% 等超过 50% 的选择率排在前列，税费征管、信息公开以 47%、46% 等接近 50% 的选择率排在其后，说明城市规划问题与土地供应存在的问题比较严重，税费征管和信息公开也存在问题。

3.3　城市住宅开发政府干预问题原因分析

由于城市住宅开发政府干预涉及的方面非常多，引起城市住宅开发政府干预问题的原因也有多个方面。本文从系统角度去挖掘，城市住宅开发政府干预问题存在的原因可以归结为三个层次：总体上缺乏目标指引；各种政策措施不协调、干预子系统不完善；各种手段本身存在缺陷。

根据第 2 章系统论观点，系统运转良好应有明确的目标，系统与环境之间、子系统间以及各要素间应相互协调，要素功能强。分析城市住宅开发政府干预干预存在的问题以及系统构成，可以发现城市住宅开发政府干预问题的原因在于不能满足上述特点，以下几个方面存在缺陷。

3.3.1　城市住宅开发政府干预缺乏总体目标

城市住宅开发政府干预是一个复杂的系统，涉及的部门较多，但采取的干预措施及出台的制度规定，缺乏统一的指导思想，表现为城市住宅开发政府干预目标缺乏整体考虑，缺乏统一的指导原则，调控指标体系不健全。

1. 城市住宅开发政府干预目标缺乏整体考虑

城市住宅开发政府干预系统是在一定系统环境条件下发生作用的，要处理协调好城市住宅开发与经济、社会、自然人文环境的关系，才能保证城市住宅开发的可持续发展。因此，城市住宅开发的目标及政府干预目标不是单一的，而是多目标的。

而当前政府出台的政策措施、采取的干预手段，多从部门立场出发，从当时现实出发，“头疼医头、脚疼医脚”，单一目标和短期目标考虑多，整体目标和长期影响和考虑少难以兼顾。如房地产宏观调控的“国八条”以抑制房地产投资增长和房价上涨过快的势头为目标，“国六条”以控制城市房价上涨过快，调整住房供应结构、规范房地产市场秩序为目标，但住房公平性的社会目标却没有兼顾。再比如出台土地供应总量的调控手段时，考虑了投资规模控制目标及土地节约的目标，控制价格的目标没有兼顾考虑。为了控制房价采取价格管制手段时，对市场、行业发展的影响考虑少。实施配建制政策考虑政策性住房建设多，对住房开发定位及物业管理影响考虑少。

城市住宅开发活动关系着消费者利益，也关系着开发企业与地方政府的利益。城市住宅开发管理活动的目标既要使消费者能够以较低的价格购买到较高品质的住宅，也要使住宅开发企业能够良好地运营，使住宅开发产业健康发展，保持经济的稳定增长。因此，城市住宅开发管理需要维护三者利益的平衡。在前几年的城市住宅开发政府干预过程中，由于政策的漏洞和管理的不善，开发商的恶意炒作使消费者的利益受到了损失，应加强企业的规范管理。但最近两年的政策对住宅开发企业的开发行为进行了严格的规制，导致一些开发企业面临破产的危险，有可能损害住宅开发产业的健康发展。

2. 城市住宅开发调控指标体系不健全

城市住宅开发政府干预涉及了宏观调控、微观管制，政府有必要对很多开发活动进行干预，需要调控很多方面指标。举例来说，当前城市住宅开发政府干预要调控房屋价格、土地的容积率及套型结构比例等各种指标，但到底可以调控哪些指标、需要调控哪些指标，并没有一个固定的统一的标准。

当前的城市住宅开发政府干预缺乏总体目标的指引，无法建立一套统筹协调的调控指标体系，出现问题时往往由各部门协商解决，效率较低，利益难以协调，整个住宅开发产业的发展目标也就左右摇摆，影响住宅产业的健康发展。

3.3.2 城市住宅开发政府干预子系统不完善

城市住宅开发政府干预子系统不完善表现在子系统中某些干预措施功能不完善，不能发挥应有的调控作用，还表现在子系统内部以及子系统干预措施的不协调、不配套。

为了分析城市住宅开发政府干预问题，根据前节内容整理了当前对住宅开发政策措施与作用对象关系，如图 3.4 所示。分别表示了政策调控措施与对目标对象的作用，以及政策措施之间的关系，并以此图为示对城市住宅开发各方面存在问题的原因进行分析。

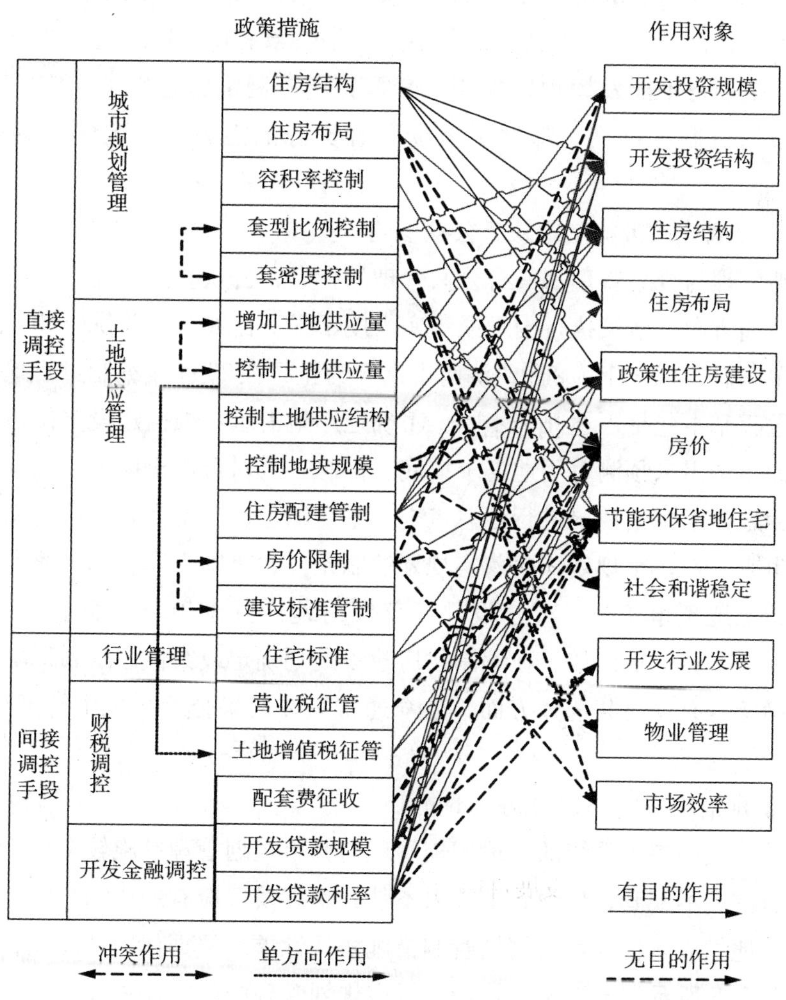

图 3.4 政策调控措施与作用对象关系图

3.3.3.1 直接调控子系统的不完善

直接调控子系统的不完善表现在以下三个方面。

1. 干预措施的功能不完善

对住宅开发前政府干预阶段来说，该阶段土地管理与规划管理中所采取的干预住宅开发的措施手段主要是行政手段，具有计划经济的色彩。不能充分发挥作用的原因在于与市场经济体制的环境不协调，如价格管制手段、套型比例控制等措施，都具有这种特点。价格管制手段在没有市场供应量、建设标准限制的配合下，将不能发挥预期作用。套型比例控制措施忽略了住宅的商品属性，与市场机制相冲突，降低了市场配置资源的能力，会造成市场供应的扭曲。

2. 直接调控政策的制定缺乏公众参与

土地管理与规划管理都具有公共管理的特点，公众参与管理的不足导致政策制定偏离方向，政策执行困难或落实力度不强。比如在土地供应计划编制上只是简单归总，以济南为例❶，济南市迄今为止只在2005年编制过土地供应计划，其过程基本包括下述几个步骤：①确定用地需求：根据建设单位、归口部门提出或市场需求预测对用地需求摸底、汇总；②对可供土地进行供给统计分析；③用地需求供给情况进行汇总审查、平衡筛选；④市计划部门落实产业政策导向审查工作，市规划部门落实规划控制条件，市国土房管部门落实新增建设用地的土地预审工作，市建设部门落实房地产开发项目的企业资质条件；⑤计划批准下达。再比如，在编制住房建设规划确定政策性住房布局、规划控制指标确定等有关公共选择方面，公众通常只在成果公示阶段了解部分信息，缺乏公众参与。

3. 干预措施之间缺乏协调，不配套

构成直接调控子系统的土地调控管理与城市规划管理措施较多，由于相互之间不协调、不配套，导致管理效果不佳，难以发挥应有的作用。

如土地供应调控与城市规划管制措施协调性差。根据住宅开发项目确定流程，如图3.5所示，土地调控管理、城市规划管理的相关计划涉及了土地供应

---

❶ 资料来源：济南市土地储备中心内部资料

计划、经济发展计划、拆迁计划等多种计划，涉及管制的内容包括规划指标、价格、建设标准等。由于有关计划和规划的确定牵涉了土地管理部门、城市规划部门、建设部门、房管部门、计划部门等多个部门，决策内容与公共利益、市场需求密切有关，出现住房建设规划与实际土地供应量、土地供应结构与宗地规模不协调的现象。由于住房建设规划没有与土地供应计划协调好，影响了土地供应，存在住房建设规划是一个方案，实际供地是另一个方案的情况。因此，住房建设规划与土地供应调控需要科学的决策制度、协调的联动制度及有效的实施保障制度，需要加强制度建设。

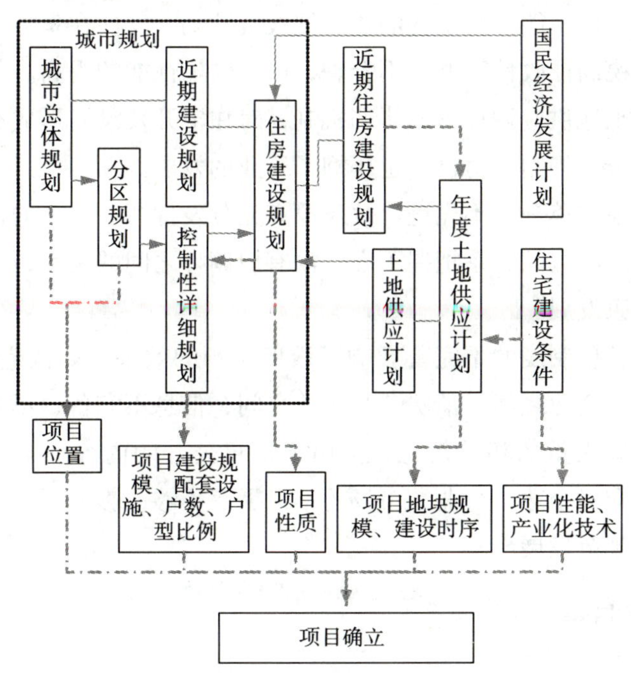

图 3.5　项目确立流程图

另外，由于从土地开发到房屋建设需要一定的周期，虽然严格控制土地供应总量作为控制投资规模的措施效果不佳，但实践中没有制定配套的干预措施。同样，配建制政策作为加强保障性住房建设的措施，主要考虑经济适用房与廉租房的建设，与土地利用管制措施没有进行很好协调，导致土地供应流拍，影响了投资结构调控的目标的最终实现。

3.3.3.2 间接调控子系统的问题

间接调控子系统中财税调控、金融调控、行业管理以及信息公开手段对城市住宅开发发展有间接作用，其作用不能实现预期效果的主要原因，一是不能与直接调控子系统较好协调配合；二是各手段措施自身不完善，制度不健全，管理模式不合理。

作为间接调控子系统中主要的手段，财税调控和金融调控措施与政府土地管理、规划管理缺乏配套、联动，影响了调控的效果。比如土地增值税的征管没有考虑到市场环境、考虑到土地供应的影响，忽略税负转嫁的可能，采取的税收征收方式不但不能抑制市场的非理性投资冲动，反而在卖方市场情况下助长房价。营业税的征收计算办法不合理，影响住宅性能的提高。制定的金融调控措施没有与土地供应调控形成协调机制，对住宅开发没有形成有促有抑的效果，抑制了投资、抑制了房价，也压抑了行业的发展。

行业管理模式单一，不先进。政府没有充分发挥行业协会的作用，政府与行业、企业、产品之间关系把握不准，没有协调好之间的关系，不能更好促进住宅开发的健康发展。

信息公开管理制度的不完善影响了政府干预的效果。如住宅开发过程中，政府管理部门与企业之间、消费者与企业之间，信息不完备、不对称现象大量存在。政府掌握大量的相关信息，但由于信息公开的内容不丰富、方式不集中，政府和公众对企业、行业、市场的信息了解不够，影响了决策，影响了城市住宅开发的规范发展。

3.3.3 问题归集

从前面所论述的问题中可以看出，城市住宅开发政府干预的问题存在于多个层次，本小节进行了归集，如图 3.6 所示。

1. 缺乏城市住宅开发政府干预总体目标

城市住宅开发干预是城市住宅开发管理部门落实职能的具体活动，对其的干预必须符合政府干预的目标（经济目标、社会目标和环境目标等）。要使城市住宅开发政府干预能够顺畅，避免出现相互矛盾、相互削弱的现象，各干预部门需要在统一的协调的干预目标指导下制定具体政策和措施。这个问题的解

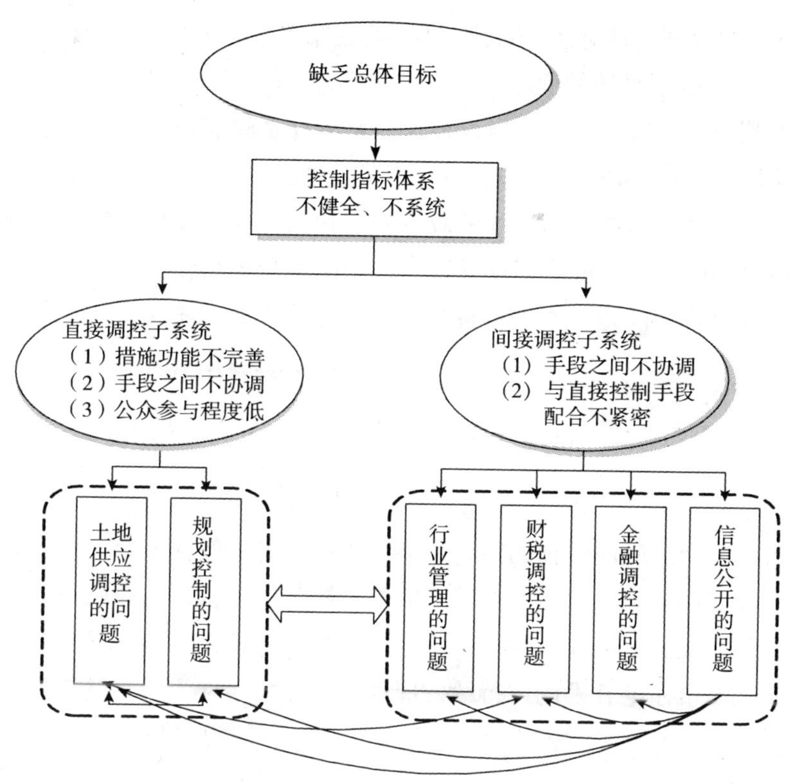

图 3.6　城市住宅开发政府干预问题归集

决，本文将在第 4 章中进行详细论述。

2. 指标控制不健全、不系统

由于城市住宅开发政府干预的目标是多元的，各政府部门之间的管理任务不同，为使各部门在制定和落实政策时不偏离总体目标的要求，需要建立一套以目标为依据的、责任明确的控制指标体系。各干预管理部门按照指标体系制定实施的政策和措施。对于这个问题的解决也将在第 4 章中进行详细论述。

3. 直接控制子系统的问题

土地供应调控和规划调控的管理属于直接控制的手段，是政府控制城市住宅开发的主要手段，但由于缺乏统一的指标指引，这些手段本身存在着一定的缺憾，而且各种手段之间存在一定的矛盾和不协调。此外，为这些控制手段而制定政策和措施的过程中，公众参与程度低，这也从某种程度上导致了这些政策的不科学、不合理。针对这些问题，本文将在第5章中进行详细论述。

4. 间接控制子系统的问题

行业管理、财税调控、金融调控、信息公开是政府控制城市住宅开发的间接调控手段，这些手段本身是配合直接调控手段而进行的，需要与直接调控手段相协调，但由于这些间接手段的政策制定和执行部门都相互独立，难以实现与各手段之间的协调、配合。此外，这些手段本身还存在许多不完善、不科学的地方。针对这些问题，本文将在第6章中进行详细论述。

3.4 小结

城市住宅开发政府干预的问题包括干预措施的有效性不足、干预行为的不够规范。造成这些问题的原因在于政府干预缺乏总的目标与原则及调控子系统功能不完善造成的。因此，对城市住宅开发政府干预进行系统研究和完善，才能更好实现城市住宅开发的可持续发展。

第4章　城市住宅开发政府干预总体模型与总体目标

城市住宅开发政府干预的行为和手段是一个庞大的复杂系统，作为一个系统工程首先要确立系统运行的目标和原则。本章根据政府干预的可持续发展要求，通过系统分析的方法对系统的目标与原则进行了研究，并构建了城市住宅开发政府干预总体模型，提出了城市住宅开发政府干预总体思路。

4.1　可持续发展是城市住宅开发的必然要求

城市住宅开发对经济、社会和环境有巨大的影响，而我国快速城市化面临着对住宅的大量需求及短缺的资源环境、脆弱的生态环境和不可再生的人文历史环境，面对这些困难和挑战，走可持续发展的道路是城市住宅开发的必然要求。

自从可持续发展的观念得到全世界的认同以后，住宅开发建设坚持可持续发展的战略也已深入人心。根据可持续发展理论，城市住宅开发建设可持续发展就是住宅开发建设要保持一定发展速度，同时与环境和社会协调，不损害未来发展的发展。即将传统的只注重住宅建设数量的模式转变为住宅与社会、经济、环境等方面融为一体的全面进步的模式，能体现居住质量和环境的改善、开发投资质量的提高。

1. 城市住宅开发经济可持续性要求

城市住宅开发经济可持续性就是要保持一定的住宅建设规模，特别是我国正处于城市化快速发展、人口总量仍在增加的情况下，必须满足居民对住宅的需求，协调住宅供给结构和住宅需求结构之间的关系，不能以环境保护为名取消住宅的建设、取消住宅经济的增长、压抑住宅的投资。因为住宅的开发建设是改善人们居住条件、提高居住水平的基础，但是住宅开发经济可持续发展不仅要重视增加住宅的开发规模、经济增长的数量，更要关注经济发展的质量、住宅品质的提高。住宅开发建设要改变传统手工作业为主的生产方式、资源能源消耗高的方式，提高住宅的技术含量、降低能源资源的消耗水平，提高投资的效益。

城市住宅开发的经济可持续发展要求在住宅开发面积的合理增加、住宅投资的适当增长的同时，兼顾住宅品质的提高、资源消耗的降低、环境质量的改善。

2. 城市住宅开发生态可持续性要求

城市住宅开发生态可持续发展就是要求经济发展要与自然承载力相协调。发展的同时必须保护、改善和提高资源的生产能力与环境自我净化能力，保证以持续的方式使用自然资源、减少能源的消耗。城市住宅开发作为一种经济活动，在保持发展的同时要有一定的节制，不能只强调发展、只强调“以人为本”，而不加节制地对资源进行掠夺性索取，不要超越自然资源的生产能力与环境自我净化能力，以及能源的供给能力。否则，其发展必然是不可持续的。

住宅经济的发展要与环境保护与利用相协调，从源头考虑环境问题。在住宅开发上的体现就是保护和利用好土地资源以及其它各种资源和能源，即发展住宅经济的同时要考虑住宅开发本身对项目所在地土地资源、生态环境即住宅开发对能源、资源、环境产生的影响。根据中国人口多，人均所占资源少的特点，需要坚持走节约资源型的人居发展模式，增加住宅科技含量，开发建设更多符合循环经济特点的住宅。节约土地等资源、防止城市“摊大饼”式无限扩张，减少总的能源的消耗。

城市住宅开发的生态可持续发展要求在强调城市住宅开发产业发展的同时，必须保护环境、节约资源。这也是当前我国建设“资源节约型、环境友好型”社会的必然要求。

3. 城市住宅开发社会可持续性要求

人类活动的目的就是追求社会可持续发展，城市住宅开发社会可持续性就是要提供保障社会各阶层最基本居住条件住宅，包括住房结构合理、房价合适。因为高收入阶层的住宅消费需求是高档住宅、广大的工薪阶层需要经济适用的普通住宅、还有涌入城市的大量农村剩余劳动力及城市低收入者需要的是价格低廉的租赁住房。因此，应该投资开发建设各种类型、各种价位的住宅，关注社会弱势人群住房需求，实现包括房屋和土地在内的社会财富更为公平合理分配给社会各阶层，尽量作到内公平。同时，节约资源为后代居住预留空间。

历史文化遗产作为重要的人文环境、社会发展的一部分，是人类历史文化的延续，具有不可再生性。所以，保持城市住宅开发活动发展的同时要保护好城市历史文化遗产。房价影响着居住需求的实现、影响着社会稳定，因此，它也是影响社会可持续性的一个重要方面。

城市住宅开发的社会可持续发展要求城市住宅开发在追求产业发展和环境保护的同时，注重社会公平性的提高。这点也是解决我国第一大民生问题（百姓住房问题）的必然要求。

综上所述，城市住宅开发的经济、生态和社会的可持续发展要求之间存在相互制衡的关系，城市住宅开发政府干预必须统筹考虑三者之间的均衡，协调处理三者的目标。

4.2　城市住宅开发政府干预系统目标

根据第 2 章市场失灵理论，住宅开发建设具有外部性、住宅具有公共物品属性、产权的复杂性、社会保障性以及垄断性，住宅市场有信息不完全、竞争不充分、市场波动性等特点，存在市场失灵领域，城市住宅开发不会自动实现可持续发展的目标，需要政府干预。城市住宅开发政府干预的目的就是通过政府干预，纠正市场失灵，保证城市住宅开发走向可持续发展的道路。因此，城市住宅开发政府干预系统的目标就是针对我国国情，实现城市住宅开发经济、社会、环境可持续发展的要求。

4.2.1　经济发展目标

经济发展目标就是保持住宅投资和住宅开发的稳定增长，它是政府贯彻可持续发展的重要行动，是实现城市住宅开发经济可持续发展的必要条件。只有保持一定的住宅开发投资才能实现住宅经济可持续发展，才能解决已成为世界各国普通关注的一个全球问题，即住房问题与居住环境问题。

住宅投资必须在国民生产总值中占有恰当的比重，住宅开发的经济社会效益才会体现出来。目前住宅投资占国民生产总值的比重大致为 3 ~8%。发展中国家普遍较低，一般只有3%左右，发达国家保持在5 ~8%左右，高的达到10 ~12%以上。如，印度为2.5%，泰国为4.1%，菲律宾为10.1%，英国为3.5%，美国为4.8%，意大利为6.0%，新加坡为12.3%。联合国对世界各国住房投资调查后认为，发展中国家今后至少应保持5%的投资比重，如果低于此数，而人口增长又快，则将面临居住状况恶化的问题（启明，1997）。

究竟应以多大比重为宜，发达国家与发展中国家是不同的。发达国家资金雄厚，住房投入过去普遍较高，住宅开发较早，住房人均拥有量较高，今后住宅投资可能以不太高的比重就能够解决本国住房问题。广大发展中国家资金普遍紧张，住房欠账多，无房户、困难户量大面广，今后住宅投入的力度可能要大一些才能较好地解决住房问题（启明，1997）。而住宅需求空间大、住房保障进展缓慢，需要适度增加住宅开发投资才能满足需要。

4.2.2 社会发展目标

社会发展目标就是保证合理的住房结构、住房布局以及合适的、稳定的住房价格。

住房结构合理的前提就是住宅投资结构合理，是指各类性质的住宅投资保持适当的比例，保证各种收入阶层的居民都能居者有其屋。即针对中国目前城镇居民收入差距扩大的特点，要按照不同收入等级分别提供不用档次的住宅，分别为：针对高收入和最高收入人群的豪华别墅和高档住宅；针对中等偏上收入人群的普通住宅；针对中低收入人群的经济适用住宅；以及针对最低收入人群的廉价租赁住宅。应避免把资金都投入到只有高收入阶层能够承受的大户型、高档的住宅，而要把投资投向中低收入阶层需要的中低价位住宅项目上，以保证住宅开发投资的公平性。

要对各类住宅的空间布局进行合理安排，使社会各阶层在空间上和谐相处，防止出现穷人区与富人区的空间分割，保证低收入者居住区配套的齐全、生活工作的便利。

我国是发展中国家，迫切需要住房的是广大工薪阶层，因此住宅的档次、规模、建设速度都必须与当前经济发展相适应，与人民群众的收入相适应，房价要让人们普遍能接受，从而达到良性循环，使住宅开发社会可持续发展得以保证。

4.2.3　环境发展目标

城市住宅开发政府干预系统的环境目标就是要提高住宅产业化水平、建设符合循环经济特点的可持续型住宅，或者说高性能的节能省地环保型住宅、绿色住宅。

可持续发展离不开科技进步这一动力，同样住宅科技的进步是实施城市住宅开发可持续发展战略的前提和条件，没有住宅科技的进步，我们面临的人类资源环境问题就难以从根本上得到解决，住宅业也难以得到持续稳定的发展。这一切需要通过提高住宅产业化水平来解决。

生产方式决定了生产力水平，也决定了生产效率和资源消耗的水平，现代工业化的生产方式会大大减少资源浪费，并通过规模效益降低造价。现代工业化住宅建造体系，采用工业化结构体系和通用物品体系，工厂预制程度较高，可基本实现现场作业组装装配施工，不但提高生产效率，还可节约可观的能源和材料，减少施工垃圾和废弃物，根据发达国家的经验，一般节材率可达20%左右、节水率达60%以上。如果按照与当前国际先进水准看齐的话，比照当前我国住宅建造和使用的物耗水平，至少还有节能30~50%、节水15~20%的潜力。只有通过住宅技术创新才能实现住宅产业的提升，通过走新型工业化的发展道路，才能实现住宅科技含量高、经济效益好、资源消耗低、环境污染少的目标。

根据循环经济理论，节约型住宅建设就要提高产业化水平，节约资源、能源、提高材料的利用率、提高建筑物的寿命。在我国的具体体现就是住宅的节地、节能、节水、节材水平，具体工作就是选择符合“四节”要求的住宅建筑体系（钢结构、框架异形柱结构、混凝土小砌块结构等）、集成和整合的住宅成套技术（建筑节能和环保、智能化实用技术等），提倡装修一次到位、推进住宅成品房建设。

上述发展目标得到了公众认同。根据问卷调查结果，对于城市住宅开发相关的政府干预内容，选择经济适用房供应量的为83%、限价房供应量的65%、布局的57%、反映住宅性能方面的资源能源节约利用指标的68%，即住宅开发公平性、资源节约类的选项排在前列，此后依次为生态环境、人文历史环境的保护选项，选择率都超过50%，但是住宅开发投资规模与房价作为政府干预的目标选择率只有35%与31%，选择率低的原因需要在后续研究中进行探究，但结果基本符合前述城市住宅开发政府干预系统目标的理论分析结论。

4.2.4 城市住宅开发政府干预总体目标

我国面临着大量的住宅需求、严重的资源、生态及人文历史环境问题和挑战，必须走可持续发展的道路。对于我国城市住宅开发建设来讲，要针对我国国情，以实现城市住宅开发经济、社会、环境可持续发展的要求。

因此，城市住宅开发政府干预总体目标，就是要保证城市住宅开发经济发展目标、社会发展目标、环境发展目标三方面共同、协调发展。综合三个发展目标的关系，城市住宅开发政府干预总体目标就是开发建设满足各收入阶层居住要求的、节能省地环保的、使开发投资额稳步增长的住宅，即稳步加大开发结构与布局合理、房价稳定、符合循环经济特点的可持续型住宅。

4.2.5 城市住宅开发政府干预调控指标

根据城市住宅开发政府干预系统的目标，建立城市住宅开发政府干预调控指标体系。关键问题有两个：一是整个指标体系的框架设计，二是城市住宅开发政府干预系统具体调控指标的构建。

1. 框架设计

城市住宅开发政府干预是一个复杂系统，系统内各指标的关系复杂，明确各指标间的关系比较困难。根据系统多目标、多层次、结构性的特点，按目标分解法进行框架设计。按目标层、子目标层、指标层进行构建，目标层即综合反映城市住宅开发发展要求的层次，子目标层为综合反映发展内容要求的层次，指标层为可获得、可比较、可控制的指标数据。

2. 指标构成

以目标为基础，城市住宅开发政府干预的指标可以分为经济、社会、环境三类。

（1）经济指标：住宅开发投资规模、住宅开发建设规模，能够反映城市开发住宅投资情况，进而体现城市住宅开发经济可持续发展的情况。

（2）环境指标：节地、节水、节能、节材、资源再利用水平等性能指标，能够反映对资源、能源、自然生态环境的影响，反映城市住宅开发生态可持续性情况。节地、节水、节能、节材、资源再利用水平等指标是通过各种住宅产业化技术手段落实的，环境指标也可采用技术应用指标来表示。

（3）社会指标：住宅投资结构、住房结构、住宅开发项目布局等指标，可以体现各类住宅的数量构成以及空间布局，反映城市居民居住水平和居住的公平性；房价的高低影响着居民居住问题的解决和社会的稳定，城市历史文化的保护工作影响着居住的人文环境。这些指标共同影响着城市住宅开发社会可持续性，可用上述指标表示社会指标。

3. 调控指标体系

根据城市住宅开发政府干预总体目标，城市住宅开发政府干预调控指标体系构成如图 4.1 所示。

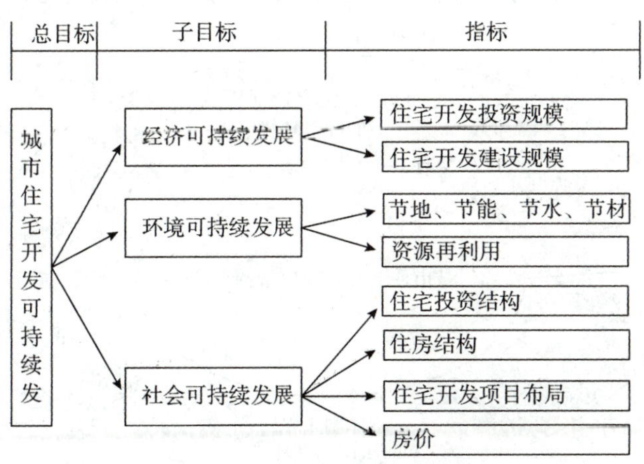

图 4.1　城市住宅开发政府干预调控指标体系

4.3 城市住宅开发政府干预的总体指导原则

城市住宅开发政府干预是一个复杂系统，其目标具有多元性，除具体的、可量化的指标控制外，还包含大量非指标性的干预工作，为实现城市住宅开发可持续发展的要求，需要确立城市住宅开发政府干预的总体指导原则。本文根据系统论的思想，针对城市住宅开发政府干预面临的挑战，结合城市住宅开发政府干预的目标体系，提出政府干预的总体原则。

4.3.1 城市住宅开发政府干预面临的挑战

当前，我国城市住宅开发政府干预面临着复杂的系统外部环境，除了脆弱的生态环境、短缺的资源能源环境、强大的住房需求，还面对未来投资有较大的反弹风险的经济环境；住宅产业化水平低、住宅产业技术发展快、信息技术飞速发展的技术环境；开发企业素质低、企业行为有待规范的行业环境以及经济体制处于计划经济向市场经济转轨过程中的制度环境。如图 4.2 所示。这些环境对城市住宅开发政府干预形成了前所未有的挑战，形成了城市住宅开发政府干预的环境因素，影响着政府干预原则以及政府调控措施选择。

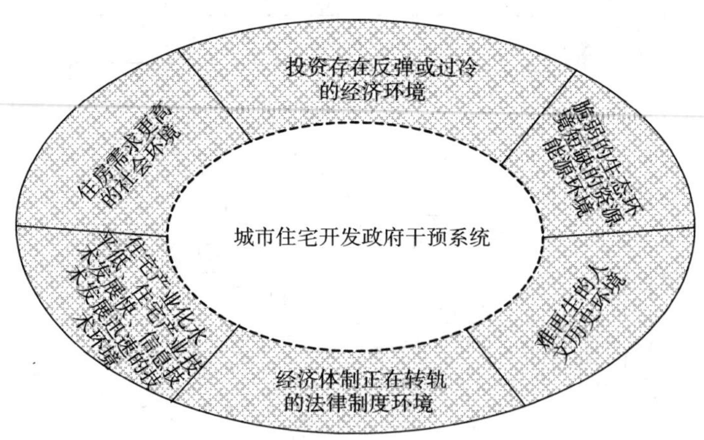

图 4.2 城市住宅开发政府干预系统环境图

城市住宅开发政府干预面临着未来投资存在反弹风险的经济环境挑战。从国家统计局公布的最新宏观经济景气指数看，我国宏观经济预警指数在 2007 年 9 月至 12 月亮起趋热的“黄灯”后，从今年初开始，连续亮起“绿灯”，当前宏观经济整体由“热”趋“稳”。但从投资来看，投资需求近期虽有回落，由于我国尚处于工业化、城市化加速阶段，一系列重大基础设施项目开工、较高的投资回报空间、灾后重建、地方政府投资冲动会推动固定资产投资高速增长。总体来看，未来投资仍有较大反弹的风险（央行经济分析小组，2008）。

城市住宅开发政府干预面临的技术环境挑战，表现为住宅产业化水平低、产业化技术发展快、信息技术发展迅猛。在我国，住宅产业化技术落后、住宅品质有待提高。相比发达国家，我国开发的大量住宅品质较低、产业化不高、技术比较落后，在很多城市住宅的节能标准还只有 50%，近两年刚刚开始推行节能 65% 的标准。虽然自 1999 年以来，建设部就发文在国内房地产市场全面推广住宅精装修，但在很多地方精装修房在楼市产品中所占比重还是不高。当前，我国住宅产业化技术发展很快，新的成套技术不断出现，比如新型的绿色板材技术、生态污水处理系统、地源热泵空调系统、太阳能集中供热工程等都是当前我国正在推广的成套技术。而信息技术的迅猛发展更是有目共睹，特别是互联网技术的发展，对信息的传播、公开提供了足够的技术支持。

城市住宅开发政府干预面临着我国住宅开发行业发展水平低的市场环境挑战。这表现在住宅开发企业整体素质不高、企业行为有待进一步规范。随着我国房地产市场的发展，我国的房地产开发企业的数量有了很大提高，全国房地产开发企业的数量从十年前的两万多家到现在的五万多家，但企业的素质不高、实力不强、行为不够规范，这可以济南市近年房地产开发公司经营情况为例。进入本世纪来，开发企业数量增幅很大，现在超过大半数的企业是近年来新成立的，单位企业的资本金接近 4000 万元、单位企业平均职工人数不足 40 人。从企业成立时间、数量、规模来讲，房地产开发企业素质、实力有待提高。伴随房地产市场的快速发展、市场的火爆，房地产开发企业的不规范行为时有发生。根据 2007 年对房地产市场秩序专项整治检查情况，开发企业在税费缴纳、土地开发建设、建设时序、房屋销售等多方面存在违法违规问题，影响市场秩序和开发的健康发展。

表4.1 济南市历年房地产开发公司经营情况表[1]

年份	开发公司数量（家）	年平均职工（人）	企业资本金（万元）	资产总计（万元）	负债总计（万元）	企业资本金（万元）	企业负债率（%）	企业平均职工（人）
2001	177	7952	428596	1995603	1564070	2421.446	78.4	45
2002	187	10889	510649	2550121	2019153	2730.743	79.4	58
2003	220		795543	3399868	2595690	3616.105	76.3	
2004	384	12411	1206808	5267279	4067396	3142.729	77.2	32
2005	406	14481	1251609	6465592	4905208	3082.781	75.9	36
2006	445	14937	1752961	7672006	5661370	3939.238	73.8	34

我国城市住宅开发面临着由计划经济向市场经济转轨的制度环境的挑战。我国经济体制还处于转轨时期，城市住宅开发政府干预处于转变完善过程中。从1978年开始经济体制改革以来，我国经济体制由原来的计划经济体制逐步转到社会主义市场经济体制，政府职能逐步向经济调节、市场监管、社会管理和公共服务转变（范恒山，2006）。而房地产业在20多年的时间里发展迅速，成为中国向市场经济转型过程中最具争议的行业之一，对房地产业如何发展、如何进行政府管理正在实践探索中，没有形成系统的管理理论和成功的实践模式（巴曙松，2007）。

我国城市住宅开发面临的这些环境的挑战，为更好实现政府系统干预目标，根据第2章系统论的整体性原则，必须处理好干预目标与环境约束的关系，确立与这些环境相协调的总体指导原则。

4.3.2 城市住宅开发政府干预总体指导原则

面对城市住宅开发政府干预的挑战与政府干预的总体目标，城市住宅开发应坚持以下四个方面的原则。

1. 公众利益为先

住房问题是首要的民生问题。在“服务型政府”理念深入人心的今天，

[1] 数据来源：2003－2011《济南市统计年鉴》

政府必须树立任何政策都是为了增进和维护公众利益，而不是为了政府利益、为了方便自己管理的理念。只有这样，才能赢得公众的信赖和尊重。城市住宅开发的所有政府干预活动也同样要以公众利益为先。

当城市住宅开发的政策满足公众的利益要求时，公众就会主动认可和信任它，自觉地按照政策规范的轨道进行活动，从而达到政府和公众的互动；反之，当城市住宅开发的政策不能增进甚至是损害公众利益时，公众就会采取各种手段来限制其政策对自己的影响。

为使城市住宅开发能够实现经济、社会和生态的可持续发展，政府干预需要依靠公众的努力，需要公众的监督配合，当然也需要满足公众的利益。

2. 行业发展与经济健康运行相协调

城市住宅开发行业的发展对整个国民经济的健康运行起到重要作用，而整个国民经济的健康运行也有利于城市住宅开发行业的发展。由于城市住宅开发面临的经济环境是变化的，在当前固定资产投资存在反弹压力的情况下，就要控制住宅开发投资的规模，防止住宅开发投资过热，造成宏观经济结构失衡。但也要防止投资过冷的情况，要保持适度投资规模，保持经济的稳定发展，防止宏观经济波动和失衡。

坚持“行业发展与经济健康运行相协调”的原则有利于平衡政府目标与行业发展目标。城市住宅开发面临开发企业素质低、实力弱、行为不规范的市场环境状况。城市住宅开发政府干预在实现住宅开发可持续发展目标的前提下，应考虑行业的现状，兼顾企业的生存、行业的发展，避免行业衰败、市场消失以及大起大落的现象出现。

3. 住宅产业化技术应用为先

当前我国建设“资源节约型、环境友好型社会”的压力较大，而城市住宅产品的生产、使用又是能源消耗较高的，为实现城市住宅产业的可持续发展，在城市住宅开发政府干预的政策制定和管理活动中必须贯彻“优先应用住宅产业化技术”的原则。

循环经济的 3R 原则（Reduce，Reuse，Recycle）在住宅产业领域中可以具体化为“省地、节能、节水、节材”等方面。我国的土地资源特别是耕地严重匮乏，土地资源十分宝贵。通过住宅规划设计中对荒地、废地、滩涂的合理有效利用，以及推广新型墙体应用等措施都能有效的节省土地。

只有大力发展可持续住宅、推广建筑节能、完善可持续住宅关键技术支撑体系，研究开发推广应用建筑新材料、新技术、新产品、新工艺、提高住宅的科技含量，才能实现住宅产业的可持续发展。

4. 与市场经济发展规律相协调

当前，政府对城市住宅开发的干预所处的经济环境已经与过去有很大不同。政府干预的效果与市场经济体制有密切关系，要使系统与环境相协调，市场经济中政府干预必须符合市场经济的规律和规则。城市住宅产业所遵循的市场经济规律是政府制定和实施政策的基本环境。因此，政府出台的政策、措施应与市场机制相协调，按经济规律办事，城市住宅开发政府干预应是政府干预与市场机制相结合。

市场经济环境下，政府调控手段中的计划措施、财税措施和金融措施等都需要根据市场经济发展规律来确定，纠正市场失灵，但不能矫枉过正，既要体现政府调控的计划效果，又要促进市场经济的健康发展。

4.4 城市住宅开发政府干预总体模型

城市住宅开发政府干预总体模型是在总体目标和总体指导原则的基础上，结合城市住宅开发政府干预的主要手段构建而成的，目的是指导城市住宅开发政府干预政策的制定和实施。如图 4.3 所示，在城市住宅开发政府干预总体模型中，对系统干预的实质、系统的组成、功能和作用进行了阐述。

（1）城市住宅开发政府干预本身是一个复杂系统，由许多干预管理手段组成。它本身也受到系统外部的经济环境、社会环境、生态环境、人文环境、技术环境等因素的影响。因此，城市住宅开发政府干预应遵循系统论的基本原则、对城市住宅开发进行系统干预，即以干预目标整体最优为目的，充分考虑外部环境的影响和作用，根据目标、措施、子系统、环境之间的关系，改善政府调控措施、完善政府干预措施系统，充分发挥政府干预措施作用，协调措施之间以及子系统的关系，从整体着手进行干预、以达到最佳效果。

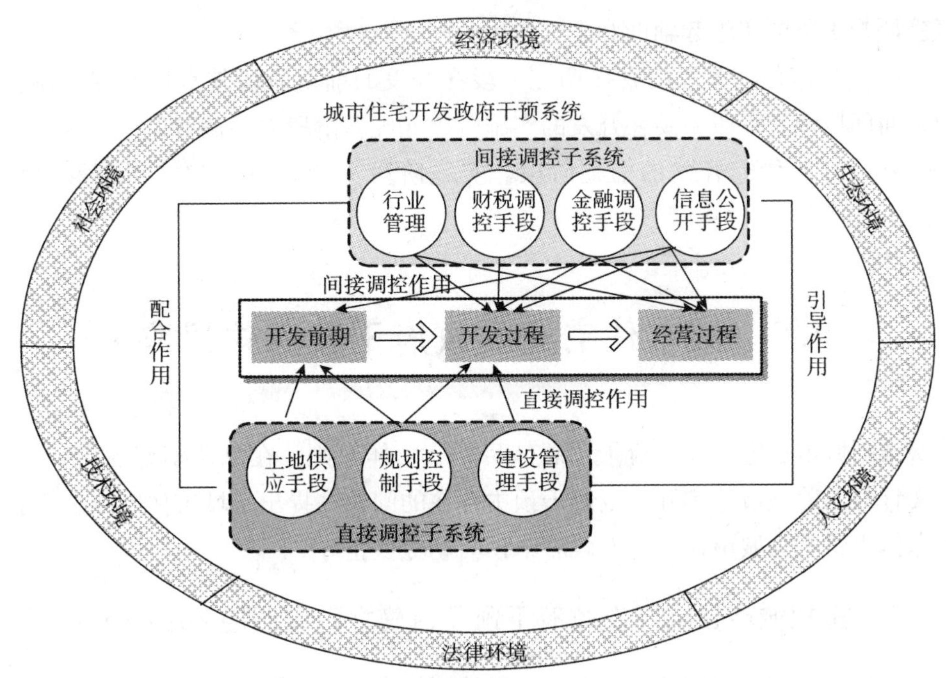

图 4.3　城市住宅开发政府干预总体模型

（2）城市住宅开发政府干预的调控手段由直接调控手段和间接调控手段组成。直接调控手段是对城市住宅开发具有直接影响的调控手段，比如城市规划手段、土地供应手段和建设管理手段，它们直接影响城市住宅开发的建设规模、投资规模、住宅供应结构等重要方面，因此它是城市住宅开发政府干预的重点。间接调控手段是对城市住宅开发具有间接影响的调控手段，比如财税调控手段、金融调控手段和信息公开手段等，它们通过影响市场主体行为、间接影响城市住宅开发的投资规模、住宅供应结构、房价等方面，因此它是城市住宅开发政府干预不可或缺的重要部分。

（3）城市住宅开发的直接调控子系统主要功能是计划控制，间接调控子系统的主要功能是实施性控制，并且城市住宅开发的直接调控子系统与间接调控子系统之间是相互作用的。直接调控手段中的城市规划、土地供应和建设管理主要起到计划控制的作用，而间接调控手段主要是在计划控制基础上进行的辅助调控。因此，直接调控手段对间接调控手段起引导作用，间接调控手段为直接调控手段的实施起辅助和配合作用。

(4) 城市住宅开发的直接调控手段在开发的前期阶段就直接发挥控制作用，而间接调控手段主要在开发的实施阶段和经营阶段发挥调节作用。其中信息公开手段对住宅开发的前期阶段、实施阶段和经营阶段都有引导和监督作用。

4.5 城市住宅开发政府干预总体思路

根据城市住宅开发政府干预总体目标、总体原则，在总体模型的指导下，本文针对当前城市住宅开发政府干预中存在的问题，提出了城市住宅政府干预的总体思路，为城市住宅开发政府干预活动提供指导。

4.5.1 重视城市住宅开发政府干预项目确立阶段调控手段的运用

根据项目生命周期理论，项目从开始到结束必然经历若干阶段，这些阶段就构成了项目的生命周期，大多数项目被划分为四个至五个阶段，相应有几个里程碑（管海波、黄敬前，2004；袁经勇，2003）。

根据城市住宅开发政府干预的特点，住宅开发项目周期可以划分为以下几个工作阶段：项目确立阶段、设计与建设准备阶段、施工阶段、竣工阶段（其中施工建设阶段还重叠了项目销售阶段）。图 4.4 表示了城市住宅开发项目管理生命周期。

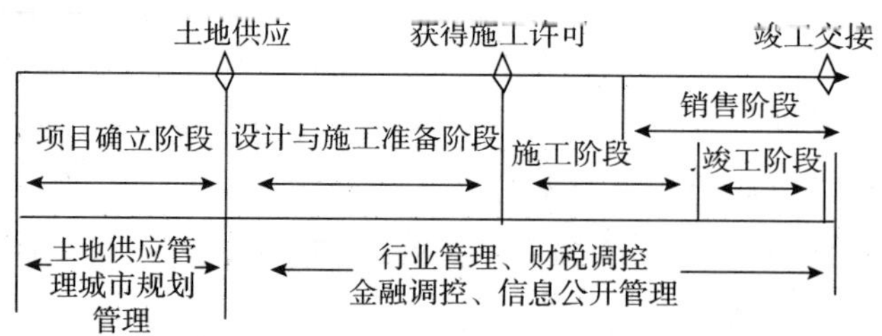

图 4.4 城市住宅开发项目管理生命周期模型

在整个生命期里，土地供应与获得施工许可是两个重要里程碑。因为，土地供应环节与施工许可环节是项目投资变化的两个节点，在这两点上投资数额有较大的变化。如图4.5所示。因此，这两个环节是调控住宅开发投资的重要节点。

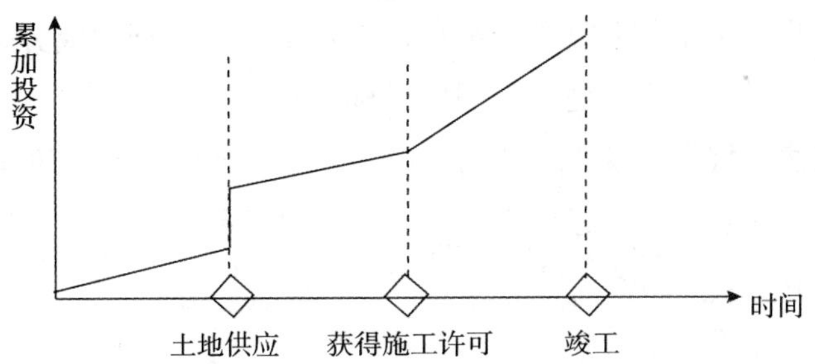

图4.5　项目生命周期中开发企业累加投资示意图

根据政府干预对住宅开发的作用，各阶段政府干预对城市住宅开发的影响如图4.6所示。

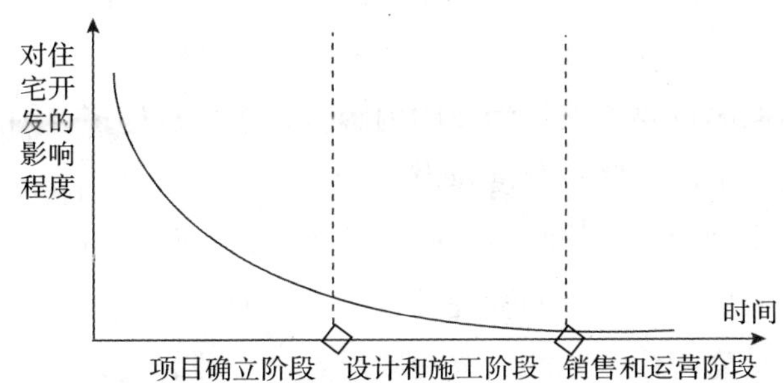

图4.6　项目生命周期中各阶段政府干预对城市住宅开发的影响

根据城市住宅开发政府干预的任务分工，项目确立阶段，城市规划确定了一定时期住房建设规模、布局、结构；土地供应确定了用地规模、微观管制条件，对城市住宅开发投资规模、结构、布局、房价等都有直接的影响。这两种手段都属于直接调控手段，而此后阶段的政府干预对开发投资、结构以及房价等重要指标只起到间接调节的作用，影响逐渐减少。

因此，城市住宅开发政府干预应当重视项目确立阶段直接调控手段的运用，充分发挥间接调控手段的作用，配合直接调控手段实现政府干预的目标。

4.5.2 提高调控手段的科学性

调控手段本身的科学性和合理性是保证调控结果的基础。当前，我国城市住宅开发政府干预的许多手段本身都存在不科学、不合理的成分，因此保证其手段本身的科学性和合理性是实现调控目标的首要工作。

（1）住房建设规划决策科学性、城市规划管制的有效性决定城市住宅开发可持续发展的目标。住房建设规划的决策与城市规划管制指标与公共利益有关、与市场机制冲突。因此，为保证城市规划的科学性应加强公众参与程度、完善管制手段、协调干预措施。

（2）土地供应计划对城市住宅开发结果有巨大影响。土地供应对不同干预目标有不同影响，制定不科学、与城市规划不统一，则会对社会稳定、行业发展、物业管理带来不利影响。土地供应计划是与住房建设规划、城市发展计划、拆迁计划、经济发展计划等密切相连的。因此，政府的土地调控政策应加强公众参与，制定科学的土地供应计划。城市规划调控与土地调控是城市住宅开发政府干预前期的重要工作，涉及的内容多，管理机构多，因此，还要加强计划的协调、政府部门的联动制度建设。

（3）政府的行业管理与建设管理不直接对城市住宅开发活动进行干预，但建设管理与政府对开发行业的管理是政府干预顺利进行的辅助手段。政府对开发行业管理应是完善住宅标准、改变政府直接管理的模式，充分发挥中介组织的优势，共同对城市住宅开发进行治理。

（4）根据房价与成本、税费、利润的关系，对房价调控来说，由于价格高低与成本、税费、利润有关，税费手段降房价的途径表现在：通过税费征收方式改变，来调低成本、降低税费总额、降低利润来进行。而税费降低的途径主要有降低税率、降低计税基数，减免配套费等方法，具体的可以通过增加营业税收入扣除项达到降营业税目的，通过改革土地增值税计征办法调控利润间接调控房价。

根据住宅产业化与成本的关系，住宅产业化首先会增加项目的开发成本、进而影响住宅开发项目的税费、利润、房价。因此对于促进住宅产业化税收措施来讲，可以根据住宅产业化与住宅成本、价格、营业税的征税额与开发的利润之间的关系，对税费计征进行改革规范住宅开发。

（6）为了控制投资总量、促进保障住房建设、推动住宅性能的提高，开发金融调控应配合其他干预措施，有针对性确定开发贷款的额度、利率与项目要求。在控制贷款总量前提下，优先对保障性住房建设、节能省地环保型住宅建设提供贷款支持。

（7）信息公开对政府的决策、企业决策有重要影响，是规范市场行为与规范政府行为的必要手段，对城市住宅开发可持续发展有间接的、越来越重要的作用。针对当前信息公开的现状，应充分发挥信息技术的优势，构建统一的信息发布系统、加强信息公开的内容与环节。

4.5.3　充分发挥微观管制手段的作用

根据第 2 章市场失灵中外部性的概念，在住宅的建设与使用过程中存在着广泛的外部性（曹振良，2003）。比如住宅开发建设的负外部性，在房屋建设中采用淘汰的材料、技术、部品，即使房屋的工程质量没有问题，但能耗高、品质低，对技术发展无贡献。住宅开发建设也具有正外部性，如节能省地环保住宅具有正外部性，则其市场均衡供应量会低于最优供应量，节能省地环保住宅供应领域存在着市场缺陷。见图 4.7 所示。由于正外部性的存在，节能省地环保住宅的效益外溢，被社会无成本的获得，因此，节能省地环保住宅的市场均衡供应量低于最优供应量，市场均衡供应量低于社会的需求量。

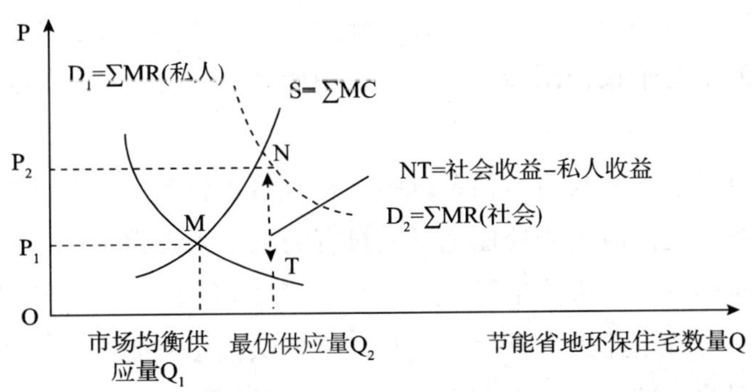

图 4.7　节能省地环保住宅的市场均衡建造量和最优建造量

住宅开发建设行为的外部性往往存在于决策者考虑范围之外，并伴随城市建设生产或消费过程而产生某种副作用。住宅开发者在做出决策时首先考虑的是在生产的私人成本的基础上寻求其利润最大化，但其外部性的产生并不是开发者蓄意行为造成的，它是伴随着生产或消费产生的某种副作用，是在市场机制下允许生产者或消费在做出决策时所产生的行为结果。

因此，基于外部性理论的视角，对住宅开发进行必要的管制是解决市场失灵的重要手段。政府应该制定相应的法律、法规、政策，影响住宅的生产建设，以提高住宅的外部效益，降低低质住宅的外部成本。

住宅在建设使用过程中资源消耗与能源消耗都非常高，住宅开发建设的数量多，对自然、生态环境的影响非常大。因此，根据第2章政府管制理论中关于影响环境保护可以进行社会性管制的内容，政府可以对住宅的建设标准进行管制。住宅对环境影响的高低可以通过住宅在节能、节地、节水、节材等经济性能方面反映出来。此外，住宅产业化是提高住宅经济性能的重要手段，住宅产业化技术水平的高低决定住宅经济性能，进而对环境产生或大或小的影响。因此，对住宅建设标准的管制可以通过限制其经济性能来进行，也可以通过限制所采用的技术来进行。

4.5.4 综合运用多种手段作为实现调控目标的主要途径

城市住宅开发政府干预是一个由多个目标、多种手段共同组成的复杂系统，直接控制手段和间接控制手段综合作用是实现目标的主要途径。下面以城市住宅开发的主要干预控制指标为例进行说明。

1. 住宅开发投资规模的调控思路

根据城市住宅开发政府干预系统中各种政策措施与住宅开发投资规模的关系，通过控制土地供应量调控住宅开发投资的效果不能保证。由于施工许可环节与土地供应环节是城市住宅开发政府干预关键环节，住宅开发贷款的额度、利率也间接影响着企业投资行为。同时，土地供应总量的决定要考虑到调控房价的目标。因此，城市住宅开发投资规模的调控可以通过适度增加土地供应量、辅以控制施工许可的数量、配合调控开发贷款的额度与利率的模式进行。通过控制施工许可数量调控住宅开发投资的手段和效果将在第5章进行详细论述。

上述结论得到了调查结果的佐证，对于有效调控住宅开发投资的手段措施问题，调查者按顺序主要选择了调控土地供应总量、城市规划控制、控制土地供应方式、控制投资立项数量、控制建设施工许可发放数量、控制土地宗地规模选项，认为上述措施是主要影响因素，与本文的观点基本一致。

2. 住宅开发投资结构、住房结构与布局的调控思路

住宅开发投资结构以及对应的住房结构受到住房建设规划中住房结构、套型比例、套密度等指标的影响，还受到土地供应结构、地块规模、配套建设管制的影响，财税政策、金融调控对其也有间接的作用。但规划管制措施中套型比例控制及套密度之间有不协调的地方，套型比例控制的措施对提高资源配置效率不利。住房布局受住房建设规划、土地供应结构及配建制的影响，但配建制带来的其它问题较多。

依据第 2 章系统论的观点，根据干预系统目标的系统最优原则，与系统环境相协调以及系统子环境相协调的原则，调控住宅开发投资结构的思路为：完善住房建设规划、控制好土地供应结构，以住宅总套数为统领、以住宅建筑套密度相配合，以各类已确定规划管制要求的地块整体捆绑出让相配合，取消限价房，以调控利润为导向、通过土地增值税调节利润，同时配合特定项目金融支持，保证各类住房建设、住宅投资结构合理进行。

住房布局关键在住房建设规划的科学、土地供应结构的保证以及各类地块捆绑出让。

上述结论得到了调查结果的验证，对于保证保障性住房供应、形成合理住房结构的有效手段措施，调查者按顺序主要选择了增加保障性住房土地供应数量、配建制、控制土地供应方式、控制土地供应前置条件等措施，说明应该采取这些手段，与本文观点基本一致。

3. 住房价格的调控思路

影响房价的因素很多，本文从调节开发、调节供给的角度出发考虑房价调控的措施。根据上一章城市住宅开发政府干预问题分析发现，调控房价的措施对其它的干预目标有影响，一些不针对房价的政府行为，如土地一级开发政府干预，对房价调控有不利作用。

根据干预系统目标的系统最优原则，与系统环境相协调以及系统子环境相协调的原则，房价调控主要按照一些思路进行。如图 4.8 所示。

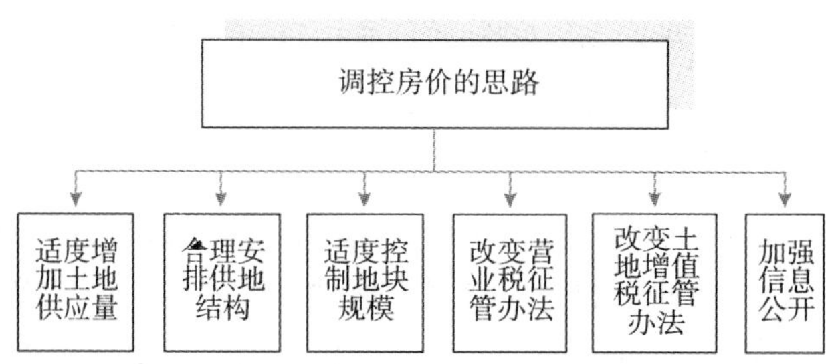

图 4.8　调控房价的思路

土地供应方面：适度增加土地供应量、合理安排供地结构、适度控制地块规模。土地一级开发方面：通过“招拍挂”方式选定开发企业、参用土地收益 + 溢价分成模式、缩短开发流程中政府机构负责的相应行政审批工作。财税调控方面：改变营业税、土地增值税征管办法。同时，加强房地产市场信息公开工作。

上述结论得到了调查结果的佐证，对于有效控制房价的手段措施，调查者主要选择了调控土地供应总量、增加保障性住房土地供应数量、完善信息公开、加强税费征管以及控制土地供应前置条件等措施，与本文观点基本一致。

4. 提高住宅性能的思路

住宅性能的提高要依靠住宅产业化水平提高、产业化技术的采用，节能省地环保型住宅的建设实现。政府干预思路应为：提高住宅建设标准、对住宅成套技术的使用进行强制要求，改变税费征收办法，增加金融支持包括提供定向开发贷款、降低开发贷款的利率。

上述结论得到了调查结果的佐证，对于提高住宅节能省地减排水平选择的手段措施，调查者按顺序主要选择了控制城市规划指标、控制土地供应前置条件、前期意见书由政府相关部门办理、配建制、加强税费征管等措施，说明应采取上述手段，与本文观点基本一致。

4.6　小结

本章根据可持续发展的要求确立了城市住宅开发政府干预的总体目标，并构建了干预目标体系。通过对管理系统环境的分析，确定了城市住宅开发政府干预的总体指导原则。在城市住宅开发政府干预总体目标和总体原则的基础上，提出了城市住宅开发政府干预总体模型和总体思路，为城市住宅开发干预系统的完善、为城市住宅开发问题的解决提供了指导。下面的第 5 章和第 6 章将在总体模型和总体思路的指导下对城市住宅开发政府干预的直接控制手段和间接控制手段进行详细研究。

第5章　城市住宅开发政府直接调控子系统研究

根据城市住宅开发政府干预总体目标与总体模型，本章对直接调控子系统中城市规划调控、土地供应调控以及建设管理进行改进研究，并提出城市住宅开发政府直接调控子系统的制度建议。

5.1　城市规划管理调控措施研究

城市规划管理存在的问题主要体现在规划管制指标的选用与住房建设规划编制方面，本节从这两方面进行研究。

5.1.1　规划控制指标选用建议

根据第3章的分析，住宅建筑套密度、住宅面积净密度规划控制指标的确定与住房套型结构比例难以建立直接的联系，无法根据住房套型结构比例的要求确定两项强制指标。同时，套型结构比例规定与市场机制冲突。针对这些问题，可以通过管制住宅套指标、住宅建筑面积套密度来解决。

1. 住宅套指标及用途

与套指标有关的住宅开发项目指标主要有住宅套数、住宅套面积、住宅套密度、住宅套型比例等。住宅的套指标是反映城市住宅开发状况的重要指标，如住宅总套数能够反映了住房建设总量，平均住宅套面积、项目住宅套型比例以及住宅套密度能够反映了项目的档次、项目客户定位、居住的公平性。

最重要或者突出的特点是：套是反映住宅状况的基本单位。住房的建设目标一般通过户均拥有或租住住房的套数来表示，反映市场需求的指标一般也通过住宅套数来表示。

2. 住宅建筑面积套密度指标及管制效果

管制住宅建筑面积套密度指标可以更准确调控居住的公平性、调控所开发住宅建筑资源能源消耗水平。本节通过下述两公式变化反映来调控住宅建筑面积套密度的作用，并对其管制效果进行分析。

（1）住宅建筑套密度与单位土地面积住宅套数关系式。

住宅建筑套密度＝项目总住宅套数/住宅项目总建筑面积

住宅总建筑面积＝住宅项目总占地面积×住宅建筑容积率，则

项目总住宅套数＝住宅建筑套密度×住宅项目总建筑面积

＝住宅建筑套密度×住宅建筑容积率×住宅项目总占地面积

则，单位土地面积住宅套数＝项目总住宅套数/住宅项目总占地面积

＝住宅建筑套密度×住宅建筑容积率

根据公式，单位土地面积住宅套数与住宅建筑套密度有上述线性关系，在容积率一定的情况下，住宅建筑套密度高、则单位面积土地上提供的房屋套数多，能解决更多家庭住房问题。土地资源的利用效率不但反映在单位面积土地可以建设多大规模的住房，还在于单位面积土地能解决多少人、多少住户的居住问题。通过设置合适的住宅建筑套密度，可以提高土地资源利用效率，用有限的土地资源满足更多人的住房需要。

（2）项目住宅建筑面积套密度与户型比例关系。

项目住宅建筑套密度与户型比例之间有密切的关系。本部分首先分析市场经济条件下项目内部户型自动调节机制，在此基础上，论述项目住宅建筑面积套密度与户型套数比例关系。

在市场经济条件下，房地产差异化开发的特点使住宅项目同质化现象明显，市场机制会自动调节户型大小，选择符合市场需求的、面积差距不大的户型比例结构。也就是说，在一个规模适度的住宅项目范围内，市场机制可以自动分配住房资源使相同档次项目的户型面积趋近、标准趋同，避免住区内隔离的现象，这可以通过住宅项目同质性的差异化开发现象证明。房地产差异化开发是在强调房地产市场定位基础上发展起来的，是针对目标群体、特定的客户群定向进行的房地产开发，差异化包括了产品差异化以及市场差异化等。差异

化开发特征：一般对高收入者开发的是大户型、建设标准高、售价较高的所谓高档房屋；对低收入者开发建设的是小户型、建设标准低、售价通常较低的所谓低档房屋。即对不同目标群体，项目内部具有一致性、项目间有较大差异。当前我国住宅房地产开发就是这种开发模式，正如黄怡在研究大都市核心区的社会空间隔离问题时发现（黄怡，2006），单个的住宅区内部存在着高度的同质性，在不同的住宅区之间存在着高度的异质性，不同住宅区间隔离明显。

根据差异化开发的特点，只要管制项目的住宅面积套密度就可以控制住宅的户型比例。本文通过项目住宅建筑套密度与户型套数比例关系进行说明。

假设中小户型为小于等于90平方米的套住宅，大户型为大于90平方米的套住宅，则住宅户型比例为中小户型与大户型房屋建筑面积的比例，用β表示，住宅建筑面积套密度用γ表示，大户型房屋套均建筑面积与中小户型房屋套均建筑面积的比例用α表示，住宅项目总建筑面积用A表示，中小户型房屋套均建筑面积用A_1表示，中小户型房屋套数用m_1表示。根据住宅户型比例根据住宅项目总建筑面积、住宅建筑面积套密度、大户型房屋套数、大户型房屋套均建筑面积、中小户型房屋套数、中小户型房屋套均建筑面积的含义，相互之间具有如下关系式。

项目总住宅套数 = 住宅建筑面积套密度 × 住宅项目总建筑面积

= 大户型房屋套数 + 中小户型房屋套数

住宅项目总建筑面积 = 平均住宅套面积 × 项目总住宅套数

住宅项目总建筑面积 = 中小户型房屋建筑面积 + 大户型房屋建筑面积

β = 中小户型房屋建筑面积/住宅项目总建筑面积

γ = 项目总住宅套数/住宅项目总建筑面积

α = 大户型房屋套均建筑面积/中小户型房屋套均建筑面积（$\leqslant \beta_0$）

A_1 = 中小户型房屋套均建筑面积（≤90平方米，大于规范要求的最小值）

则 $\beta = \alpha m_1 A_1{}^2 \gamma /\ (A + m_1 A_1\ (\alpha - 1))$

当住宅总建筑面积为常数、住宅建筑套密度为一确定值时，由于开发产品同质化特点，不同档次产品，α会趋向一个常数值，m_1、A_1可以变小但不会产生大的改变。因此，当其他条件不变时，住宅户型面积结构与套密度有直接的关系。当住宅总建筑面积为常数情况下，住宅建筑套密度增大、中小户型房屋比例增加，住宅建筑套密度减小、大户型房屋比例增加。通过调控住宅建筑密度可以调控项目的户型比例。控制住宅套密度能规范住宅的开发结构、保证住宅开发建设公平性。

（3）住宅建筑面积套密度指标的管制效果。

通过管制住宅建筑面积套密度指标，可以在与市场机制相结合、政府与企业行为监管、政府对住宅开发进行调控精准度方面具有优势。

①管制住宅建筑面积密度比管制住宅套型比例能更好的发挥市场配置资源的优势。在住宅90/70套型管制情况下，一个项目中70%的建筑面积安排户型面积在90平方米以下，其他30%建筑面积的套面积又毫无限制。这使企业不能充分针对市场需求统筹面积的分配，不能充分发挥市场配置资源的优势。通过控制住宅建筑面积套密度，可以通过控制项目范围内平均套面积标准，保证提供足够套数的住宅，又利于企业针对市场需求，提供不同类型、不同档次的住宅，充分发挥市场配置房屋资源的优势。

②与普通商品房中捆绑一定数量政策性住房的配建制相比，管制住宅建筑面积密度的措施监督简单，成本比较低，监督套型结构是专业、繁杂的工作。在土地面积一定、容积率一定的情况下，确定住宅建筑面积密度对应的住宅套数一定。计算套数是普通人都有能力完成的简单活动，对每套房的面积进行计算，再测算出项目的套型结构比例是一项非常专业的工作，因此对新的强制性指标执行情况进行监督的工作量是很大的，非专业人员难以胜任。

③住宅建筑面积密度的高低比住宅建筑套密度、住宅建筑净密度能更准确体现住房的公平性。因为，不同结构项目如多层住宅、高层住宅等，同样土地不同容积率时，住宅建筑套密度（每公顷住宅用地上拥有的住宅套数）和住宅建筑净密度（每公顷住宅用地上拥有的住宅建筑面积）两项强制性指标不能体现住房的公平性指标高低的情况。

因此，管制住宅套密度指标，使控制更具灵活性，更好保证市场机制与政府干预的协调发展。

3. 住宅建筑面积套密度管制的作用

政府对住宅建筑面积套密度进行管制可以调控住宅开发的公平性。

对住宅建筑面积套密度进行管制相当于控制了住宅套型比例，有给咖啡企业一定的选择套型比例的自主权。限定了住宅建筑面积套密度就限定了住宅项目的平均套面积，由企业在此限定条件下自主确定套型比例，可以适应开发企业差异化开发的需求，便于开发面向不同收入、不同要求的人群的住宅，以利于物业管理，提高了房屋配置的效率。同时，市场对产品同质化选择机制又可以实现不同收入人群共处的目的，能避免不同收入人群在居住空间上的隔离，可以促进阶层间的接触和交往，有利于减轻阶层之间的隔离，利于增加低收入者的就业机会和社会资本，又有利于分享公共资源，防止教育、商业和环境等公共资源的过分不合理分布，满足居住公平性的要求（胡梅娟、储国强、黄庭钧，2006）。

在城市一定区域范围中，有高收入的人群，也应有一部分收入比较低的。按照各收入群体和谐共处的原则，与住房性质（高档商品房、普通商品房、两限房还是经济适用房）相对应，政府可以对不同地块的住宅建设用地规定不同的住宅建筑面积套密度。在保证一定的分区和距离情况下对相邻地块的住宅建设用地规定不同的住宅建筑面积套密度，形成大混居、小聚居的布局模式，在一个较大的区域中实现混合居住。结合市场配制资源的优势，实现市场机制与政府干预机制的结合，实现住宅开发的公平性。

4. 国外公共住房配建经验

公共住房的建设方式与城市规划指标的确定密切相关，城市规划控制需要与建设方式相结合，国外公共住房建设方式可以为城市规划管制建议提供参考。

国外对于公共住房的建设采用零星建设与配建制相结合的方式。比如英国公共住房建设采用零星建设方式的同时，政府还通过规划手段强制要求新的住宅建设项目必须有一定的低收入居民住房，要求提供20% ~30%的房屋给地方政府作为安居房或廉租公屋，以取得规划许可的发放（郑翔，2007；从静，梅琳，2005）。美国政府鼓励私人开发商在住宅区开发时能提供一定数量的低收入公共住房（苗仕儒，2005；林坚、冯长春，1998）。新加坡公共住房供应配套措施是在公共组屋内混合了不同户型，以适应不同民族和不同社会阶层居民的需要，同时在公共住宅区出售私人住宅地段，吸引私人开发商开发一些高档住宅，使得一个社区内既有一般的公共组屋（包括销售房和出租房），也有高档住宅，保证了不同收入阶层的人们生活在一个社区内，推动了社区的发展（卢为民，2004；肖元真、屠平、蔡俊煌，2006）。

5. 城市规划管制建议

根据上述分析，城市规划管制应注意以下三方面工作。

（1）住宅密度和套型面积标准宜通过住宅建筑面积的套密度进行控制。

（2）套型比例控制应以建筑面积为基数进行控制。考虑资源的承受能力及各收入群体居住公平性，可以按照70/90政策对城市住房建设总量进行控制，对单个住宅项目通过控制项目平均套面积，保证住宅套数的供应。这既能发挥市场配置房屋资源的效率，又能保证公平性，避免出现项目范围内居住隔离的现象。因为，差异化的住宅开发使企业在开发一定规模项目时，所定位客户群的经济实力不会差别很大，所开发产品的价格离散性不大。由于套房屋总价是房屋单价和房屋面积决定，所以更具体说，差异化开发使项目的套面积不会有非常大的差距。如果客户、产品层次差别过大，必然带来混合开发要面对的建设标准、配套、物业管理等一系列问题。所以，政府在合理确定并控制套面积基础上，即可计算出（以建筑面积为基数）的住宅套密度，没有必要确定具体的套型结构比例，由市场配置即可，只要能实现开发建设满足要求的住房总套数即可。

（3）配建的住房应相对集中布局。为避免生硬的配建制可能导致的开发、物业管理混乱以及其他问题，同时，避免政策性住房建设流标的现象，保证项目的建设投资，借鉴国外公共住房配建制中零星与集中建设结合，管制与鼓励结合的经验，宜对政策性住房采取分片规划，确定每宗土地的规划控制指标，然后与相邻商品住宅项目用地捆绑供应、采取集中建设、分散物业管理的措施。

5.1.2 住房建设规划管理建议

根据住房建设规划编制的目的及与其它规划、计划的关系，为了更好地指导城市住宅开发，住房建设规划编制管理应采取如下措施。

1. 以住宅套指标为导向科学预测住房需求确定住房供给

以人的需求为根本，根据人口、家庭户的发展趋势、低收入群体和住房困难标准，预测保障性住房及普通商品房的需求，确定需要的住房总套数以及各类住房的套数。综合考虑社会经济发展水平、居民支付能力、环境资源的承载能力和政府财力，确定各类住房套住宅标准。结合住房发展目标以及住房的供应情况，确定住房建设规模、比例结构，确定住宅的总面积及各类住房的比例。

2. 合理确定住房建设时序

为了保证住宅开发的按期进行，住房建设规划中建设时序的确定非常重要，宜按照项目成熟度确定建设时序。

住宅开发建设服务于生活、生产活动，住宅的建设需要完善的城镇基础设施和便捷的交通设施，与生产、商业活动区域靠近。否则，会造成住宅的空置与短缺问题并存。因此，通过对住宅项目用地成熟度评价，选择建设条件最成熟的项目用地首先供应以避免上述问题出现。

住宅用地周围的自然环境、人文环境、城市基础设施以及配套设施都会对住宅的价值产生影响。同样，城市基础设施、配套设施的建设安排、投资计划，将来满足生活、生产要求的程度，都会影响企业开发的热情和消费者购买的热情。因此项目的成熟度可以根据上述影响住宅价值的几个方面来确定，其中影响住宅开发项目成熟度的因素主要有以下几个方面：基础设施和公共服务设施的完备程度、房地产市场的发育程度、基础设施、配套设施的建设安排、投资计划（特别是交通设施投资计划）、项目周围经济活动的活跃程度、房价的上涨速度等。

根据影响住宅开发项目成熟度的因素，把项目用地划分为成熟度高、中、低三类，然后按由高到低依次确定项目的建设时序。

3. 加强住房建设规划与各种计划的衔接

根据城市住宅开发与住房建设规划以及其他计划的关系，住房建设规划的编制应加强与各种计划的衔接，才能保证城市住宅开发的健康发展。

（1）城市住宅开发与住房建设规划。

住房建设规划与土地年度供应计划、土地利用年度计划、城市房屋拆迁年度计划及房地产开发年度计划互相影响，互相参照，相互联系，影响着住宅开发的效果。这可以通过住宅开发项目类型、项目的土地载体、各类项目工作的特点以及相对应的计划体现出来（王家庭，2005；李虎春，2002；唐晓莲、魏清泉，2006）。

从不同的角度可以把住宅开发项目划分为不同的项目类型，其共同点是这些住宅开发项目都是由土地承载的，在完成了控制性规划的城市规划的文本及图表成果中是一块块具有不同规划控制指标的地块。而住宅开发项目所占用的地块来源是原有的建设用地或者是由农地新转的建设用地。

根据居住区的不同建设条件，这些地块相对应的住宅开发项目可分为新建的居住区和城市旧居住区项目。其项目类型也可以进一步分为旧城改造类的项目和新区建设项目。旧居住区的改建在实施过程中，要解决居民的动迁、安置等问题，与地方政府的城市拆迁计划紧密相连。新区建设项目用地一般需要征用农用地，与地方政府的土地利用年度计划密切相关。

住宅开发项目的价值与使用受市政基础设施与公共配套设施的影响。由于房地产具有位置固定性导致其价值具有相互影响性，即房地产价值易受周围环境变化的影响。因此，基础设施投资计划（交通、市政、绿地系统等方面的投资计划）对住宅开发项目的价值会产生影响，对投资收益带来影响，对房屋的消费者的居住成本产生影响。市政基础设施的建设投资是由政府主导的，住宅开发的顺利实施受基础设施投资计划的影响。

住宅开发项目的投资决定住宅开发规模，它要与国民经济协调，投资数额应在合理的区间，政府的固定资产投资计划影响着城市住宅开发，即：住宅开发与政府土地供应计划、土地利用年度计划、房屋拆迁年度计划、房地产开发年度计划有关，规范的城市住宅开发要与上述计划协调。

虽然住宅开发项目中不同的工作由不同的部门主管，有关的计划由各个不同的部门负责，但要保证城市住宅开发规范化进行、保证住房建设规划的实施，年度计划的执行，处于中间环节的住房建设规划的制定要协调好各种关系，使各种计划衔接好，使住房投资结构符合要求、建设总量符合要求，投资数额满足要求。

（2）加强住房建设规划与各种计划衔接的措施。

加强住房建设规划与各种计划衔接，可以通过规范住房建设规划编制步骤及住房建设规划综合协调评价来保证。

①住房建设规划编制步骤可以通过如图5.1来表示。

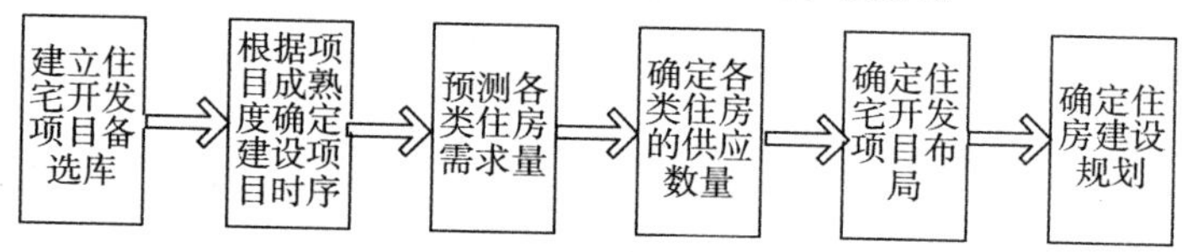

图5.1　住房建设规划编制步骤

第一步：在城市规划确定住房空间布局的基础上，根据近期建设规划和旧城改造的安排建立住宅开发项目备选库。

第二步：考虑影响住宅开发项目成熟度的几方面因素，依据住宅开发项目成熟度，对项目建设时序进行排序。

第三步：结合住房存量，根据经济社会发展，预测住房市场需求量。

第四步：考虑资源约束条件、住房需求情况、经济发展要求，预测决定各类住房（政策性住房与非政策性住房）的供应量，尤其要决定各类住房的建设面积与套数的供应量。

第五步：根据住房的供应量以及项目成熟度排序，确定住房建设项目。

②住房建设规划综合协调评价措施。根据相关规划、计划关系，可建立如下方程式，对住房建设规划与各种计划的协调程度进行评价。

假设X_{ij}为各个住宅开发项目的建设规模，其中i（i=1，2，…m）表示住宅开发项目的类型（如住宅商品房、限价房、经济适用房、廉租房等），j表示为住宅开发项目的序号（j=1，2，3，…，n），其中X_i（i=1，2，…m）表示各类住宅开发项目（如住宅商品房、限价房、经济适用房、廉租房等）的建设规模，X表示住宅开发建设项目的总规模；

假设I_{ij}为各个住宅开发项目的投资额，其中I_i（i=1，2，…m）表示各类住宅开发项目（如住宅商品房、限价房、经济适用房、廉租房等）的投资额，I表示为住宅开发项目投资总额。

则住房建设规划中住宅开发项目的安排与各种计划的协调方程式：

$X_i = \sum X_{ij}$（j = 1，2，…m）

$X = \sum X_i$（i = 1，2，…m）$= \sum\sum X_{ij}$（i = 1，2，…m）（j = 1，2，…m）

住房建设规划应符合如下评价标准：

X_1：X_2：X_i：X_m（i = 1，2，…m）之间符合比例要求

$I = \sum I_i$（i = 1，2，…m）

$= \sum\sum I_{ij}$（i = 1，2，…m；j = 1，2，…m）≤投资限额

住房拆迁规模 < 住宅供应量 X 的一定比例

住宅供应量 < 资源生态环境的承载力

5.2　土地供应调控措施完善研究

政府土地供应行为影响着城市住宅开发多个方面，应考虑城市住宅开发多个方面的目标，从土地供应量、供应结构、宗地规模、土地供应方式、土地供应前置条件等方面加强土地供应调控管理。

5.2.1　保证适度的土地供应量及合理供应结构

从控制住宅开发投资规模及节约土地资源的目的出发，应严格控制土地供应量。但考虑到住宅开发可持续发展其他要求，应保证适度的土地供应量及合理供应结构。

土地是房地产的构成要素，供应市场适量的房屋必须有适量的土地承载。根据第 2 章住宅供求理论，各类住房的土地供应量影响着整个市场的供求关系及房价，因此要想抑制房价必须保证充足的房屋供应量，土地的闸门不能过度收紧，应在保护土地资源的前提下提供适量的住房建设用地。当前有很多地方政府已经意识到这个问题，并开始加大了住房建设用地供应量，但还有一些地方政府没有引起重视。土地作为构成房地产的必备要素，要控制房价就必须保持适量的土地供应。

考虑到土地资源的稀缺性，从节约土地、提高土地利用的效率的角度应控制土地供应闸门，防止过量供应土地造成的土地闲置、利用率的问题。结合控

制投资规模的要求，保证适度的土地供应量。另外，在土地供应量一定的前提下，需要根据市场需求和政府财力的状况，制定合理的土地供应结构，充分兼顾各收入阶层的居住需求，才能保证居住的公平性。

5.2.2 地块规模划分要适度

地块规模对项目的开发周期、开发企业的空间垄断程度、房价以及土地的利用效率、房屋供应的节奏、开发企业进入市场门槛的高低以及市场的竞争程度等都有影响。因此，要对所供应土地的宗地规模进行适度的划分。

地块规模过小，不能进行综合开发，发挥规模效益。而企业开发的地块规模过大，项目开发建设周期往往较长，还易导致少数企业囤积土地，造成土地资源闲置浪费，影响土地使用的规模效应。地块规模大，项目建设规模就大，易导致项目空间垄断，助涨房价。另外，对于中小企业，地块规模过大，受企业资金实力影响难以拿地，进入市场的门槛抬高。中小企业难以在开发市场中进行持续开发，进一步加剧了大企业对市场的垄断，易导致房价的上涨。所以，要适度控制地块规模。

地块规模的划分应与大多数开发企业的开发能力及财力相匹配，使企业能在正常周期内完成开发工作，防止出现地块规模大企业无力竞地或者有钱拿地无钱开发的现象，防止出现大企业垄断市场的情况，为居民高效提供房屋。此外，为保证各类房屋的供应，避免出现政策性房屋土地流标的情况，在城市规划合理规划基础上，把不同性质的地块如经济适用房地块与普通商品房地块作为一个项目、一个标的物进行捆绑供应。

5.2.3 规范土地供应前置条件

在土地供应环节，开发主体确定的同时，也对主体所开发的项目产品提出了要求。该阶段政府管制的内容越明确，企业开发面临的不确定越小，对企业开发带来的影响越小，越容易规范企业的行为。

根据《城市房地产开发经营管理条例》，土地使有权出让或者划拨前，县级以上地方人民政府城市规划行政主管部门和房地产开发主管部门应当对具体下列事项提出书面意见，作为土地使用权出让或者划拨的依据之一：房地产开发项目的性质、规模和开发期限；城市规划设计条件；基础设施和公共设施的建设要求；基础设施建成后的产权界定；项目拆迁补偿、安置要求。宗地使用条件除了规划条件和市政配套条件，一般还包括建设期限、投资主体资质要求等。

除了这些通常的前置条件，限价房政策、配建制政策也要在前置条件中落实。为了更有效调控住宅开发活动，土地供应前置条件在房价限制、政策住房配套建设管制、建设标准要求方面还需要完善。

1. 完善房价限制政策

从供应角度看，定价、供应量是限价房政策发挥作用的关键。需要保持适度供应量才能发挥作用，且要改进当前限价房定价方法。

限价房政策目标就是在保证住宅质量和品质前提下，房价较低。因此，要实现限价房政策目标，根据房价与各方利益关系，非土地费用的其他开发成本费用不变的情况下，降低房价的途径为：降低土地出让金，减免政府税费、通过政府调控降低企业利润。

房价与市场各方主体利益之间有密切关系，这可以通过图5.2房价与各利益方关系图表示。

<table>
<tr><td colspan="4">房价</td></tr>
<tr><td>土地费用</td><td>政府税费</td><td>不含土地费用的房地产开发费用</td><td>企业利润</td></tr>
<tr><td colspan="2">↕</td><td>↕</td><td>↕</td></tr>
<tr><td colspan="2">政府</td><td>消费者</td><td>企业</td></tr>
<tr><td colspan="4">利益方</td></tr>
</table>

图5.2　房价与各利益方关系图

根据房价构成，房价可以表示为：

$$房价=土地费用+不含土地费用的房地产开发成本费用+政府税费+企业利润$$

在房价的构成中，土地费用、政府税费是政府收取的，其数值大小反映了政府利益；企业利润反映了企业利益的大小。不含土地费用的房地产开发成本费用反映了项目产品的种类、品质，正常情况下，要保证质量、品质，该项费用是不能降低的。否则，容易影响产品品质，导致消费者利益受损的后果。

当前限价房价格确定方法对各方利益有不同影响。确定建设标准和竞地价的方法，表明非土地费用的房地产开发成本费用不变，住宅品质有保证。竞地价的操作方法，由于地价竞争性，表明土地费用或者土地出让金不降低，政府不让利。参照周边商品房的价格，下浮10%～20%定价的方法，在土地费用、非土地费用的房地产开发成本费用与政府税费不变的情况下，房价限定表明了土地费用只是压低了企业利润，政府利益没有改变。

根据限价房价格确定方法对各方利益的影响，完善限价房定价的措施为：采取招标方式，以开发方案优、房价低、地价高为最优方案进行限价地供应。具体措施为：在补偿城市平均土地拆迁补偿、土地整理费用的前提下，设定地价基数；参考周边商品房价格，以平均地价、平均不含土地费用的房地产开发成本费用、政府税费、限定的利润率之和确定一个基准房价；采取招标方式，对开发方案优、房价低、地价高的方案为中标方案进行限价地供应。

2. 增加住宅经济性能限制条件

对住宅经济性能的管制可以通过控制经济性能水平来进行，也可以通过限制所采用的技术来进行。因此，在土地供应前置条件中，可以增加以下经济性能限制条件。如太阳能热水供应量、住宅产品的成品房程度、住宅部品循环利用率、垃圾处理率、废水处理效率等指标，来促进住宅性能的提高，达到节约资源和能源的目的。

3. 采用招标方式供应土地

土地有偿出让供应方式包括协议、招标、拍卖和挂牌交易等多种形式，由于卖方市场条件下采用拍卖方式会产生较高价格，因此应尽量采取招标的方式。在招标过程中可以通过设置相应指标的权重，引导企业、市场向有利于可持续发展的方向进行住宅开发，如开发节能省地型住宅，推动住宅的节能减排，为中低收入者开发建设住宅，促进住宅开发规范化运行。

5.3 施工许可控制研究

施工规模对城市住宅开发投资规模具有较大的影响，因此，投资规模的控制可以通过对施工许可的调控来实现。

根据经验，某年度建筑物施工的规模大，所以该年度的建筑物投资总额一定也高。所以，对于房地产开发来讲，房地产开发项目获得施工许可进行开工的项目总量越多，房地产开发投资规模也一定大，两者有较强的关系。年度施工规模一定与投资额有一定的关系，通过控制新开工的项目数量就可以调控年度施工规模，进而可以干预投资规模。

1. 分析变量、假设与数据选择

根据我国统计指标的有关解释，房地产开发本年完成投资是指从本年1月1日起至本年最后一天止完成的全部用于房屋建设工程和土地开发工程的投资额；施工面积指报告期内施工的全部房屋建筑面积，包括本期新开工的面积、上期跨入本期继续施工的房屋面积、上期停缓建在本期恢复施工的房屋面积、本期竣工的房屋面积及本期施工后又停缓建的房屋面积；商品房新开工面积可以理解为报告期内新开工的全部商品房的建筑面积。其中，获得施工许可的项目建筑规模大则商品房新开工面积就多，所以，本文以商品房新开工面积代表获取施工许可的指标，用房地产开发本年完成投资代表房地产开发投资情况，并反映房地产市场上新增房屋供给情况。更进一步，用住宅开发投资与住宅新开工面积两项指标反映它们的关系。

根据上面的描述，其假设关系可以表示为：房地产开发投资与商品房新开工面积有较强的正相关关系。对住宅开发投资来讲，住宅开发投资与住宅新开工面积有较强的正相关关系，住宅开发投资与住宅施工面积有更强的相关关系。

2. 数据选择

数据选择：本文选择两个大城市上海、北京，房地产市场比较活跃的深圳，政策出台较多的南京、以及普通的省会城市济南为例进行分析，如表5.1所示。

表 5.1　四城市土地供应、住宅施工规模与年度投资数据[1]

城市	年度	住宅新开工面积（万平方米）	住宅施工面积（万平方米）	住宅开发投资额（亿元）
济南	1999	140.22	301.19	17.62
	2000	281.27	457.27	31.64
	2001	289.99	595.24	47.50
	2002	237.83	593.58	64.20
	2003	312.35	672.68	74.09
	2004	307.90	714.21	87.10
	2005	390.02	737.09	96.16
北京	1999	850.68	2447.90	236.56
	2000	1322.10	2971.50	288.30
	2001	2236.54	4349.64	464.22
	2002	2455.72	5397.60	586.74
	2003	2503.46	6352.86	632.97
	2004	2207.15	6759.42	775.99
	2005	1983.24	7283.42	779.53
上海	1999	1160.65	3747.17	324.49
	2000	1781.64	4263.50	408.82
	2001	2161.00	4842.31	439.17
	2002	2309.98	5727.24	567.76
	2003	2613.19	6782.09	676.28
	2004	2668.84	7631.31	900.67
	2005	2485.75	8091.85	920.84

[1] 数据来源：国家统计局

续表

城市	年度	住宅新开工面积（万平方米）	住宅施工面积（万平方米）	住宅开发投资额（亿元）
深圳	1999	492.0	1355.0	141.0
	2000	487.0	1576.0	178.0
	2001	792.0	1790.0	196.0
	2002	747.5	2124.9	237.9
	2003	645.2	2072.9	250.2
	2004	981.9	2487.6	248.4
	2005	825.9	2421.4	246.1
南京	1999	348.54	348.54	62.19
	2000	303.05	303.05	66.58
	2001	421.79	421.79	75.54
	2002	467.80	467.80	96.57
	2003	634.26	634.26	129.33
	2004	825.36	825.36	214.09
	2005	612.09	612.09	208.57

3. 计算结果及分析

计算结果如表 5.2 和图 5.3 所示。

表 5.2　住宅开发投资与住宅新开工面积、住宅施工面积相关性

城市	住宅开发投资与住宅新开工面积		住宅开发投资与住宅施工面积	
	相关系数	置信区间	相关系数	置信区间
济南	0.809（*）	0.027	0.958（**）	0.001
北京	0.756（*）	0.050	0.991（**）	0.000
上海	0.828（*）	0.021	0.989（**）	0.000
深圳	0.731	0.062	0.938（**）	0.002
南京	0.904（**）	0.005	0.984（**）	0.000

** Correlationissignificantatthe0.01level（2 – tailed）.

* Correlationissignificantatthe0.05level（2 – tailed）.

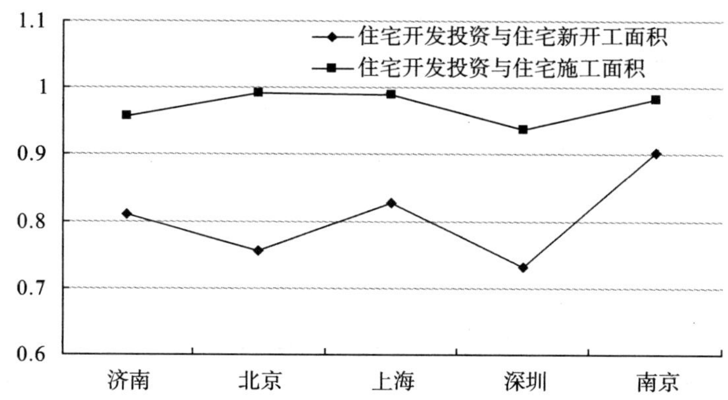

图 5.3　不同城市住宅开发投资与住宅新开工面积、住宅施工面积间的相关性

计算结果及分析：由上图可知，住宅开发投资与住宅新开工面积相关性小于住宅开发投资与住宅施工面积间的相关性。结合第 3 章土地供应与开发投资关系，可以得出如下结论，即仅通过控制土地供应来控制投资是不够的（前期土地储备较多），可以通过控制新开工面积来控制投资。

4. 住宅开发投资与住宅施工面积关系模型

分别采用线性 Linear、二次 Quadratic、幂函数 Power 和指数函数 Exponential 模型，以住宅开发投资为因变量、住宅施工面积为自变量，以北京市为例对数据进行回归分析，其拟合性如表 5.3 所示。

表 5.3　北京市住宅开发投资与住宅施工面积关系模型

Equation	ModelSummary					ParameterEstimates		
	RSquare	F	df1	df2	Sig.	Constant	b1	b2
Linear	0. 982	274. 469	1	5	0. 000	−44. 599	0. 115	
Quadratic	0. 982	110. 364	2	4	0. 000	−62. 869	0. 123	−9. 02E −007
Power	0. 991	552. 777	1	5	0. 000	0. 041	1. 111	
Exponential	0. 967	147. 170	1	5	0. 000	140. 974	0. 000	

从上述多个实例的回归结果可以看出，幂函数回归统计模型与曲线拟合得较好。因此，采用幂函数回归统计模型对北京市的情况进行参数估计，结果如下：

$$\ln(Y) = 0.041 + 1.111\ln(X)$$

$$R^2 = 0.991$$

$$Y = 1.042X^{1.111}$$

上式中，Y 代表住宅开发投资额；X 代表住宅新开工面积。回归系数和回归方程的显著性检验通过，表明模型经济意义合理，可以作为分析的依据。

上式印证的住宅开发投资与住宅施工面积关系结论，与本文中理论推导结果一致，即住宅开发投资与住宅施工面积呈正相关关系，住宅施工面积越大，住宅开发投资额越高，公式是一条向下的凹型曲线，说明单位面积住宅的投资额是增加的。

5. 建议

根据上面的数值计算，住宅开发投资与住宅施工面积呈正相关关系。施工许可作为一个重要环节，可以通过控制施工许可证的发放控制投资规模，作为控制投资过热的一个辅助手段。

5.4　城市住宅开发政府直接调控子系统的制度建设

城市住宅开发政府干预涉及到各方利益的平衡问题，还有政府机构的联动问题以及各种管制要求的落实问题，应加强公众参与、政府机构联审以及住宅项目建设意见书制度建设。

5.4.1　公众参与制度

城市住宅开发前期政府干预涉及到公共利益的保护与利益相关者利益的平衡，应加强公众参与制度建设。

1. 城市住宅开发前期政府干预公众参与的必要性

城市住宅开发前期政府干预涉及房屋拆迁、住房建设规划编制以及确定规划控制指标工作。拆迁过程中历史文化环境保护是一个必须重视的问题，企业或政府为了眼前的经济利益，经常发生破坏历史文化环境的现象。住房建设规划统筹安排各类住房的数量、布局、结构，其不同的规划方案会影响各收入阶层住房的供给，影响住房的公平性，对不同群体的利益带来不同影响。因为政府不可能完全了解，并满足各群体的利益需求，很容易造成利益的不平衡。同样，住宅项目规划控制指标数值的高低决定着住房的档次和客户的定位，影响住宅的总价和公平性，并影响着项目地块出让、地方政府的土地收益以及开发企业的盈利空间。规划调控指标确定的合理与否对不同群体的利益造成不同的影响，易造成利益失衡，必须兼顾各方利益且与市场需求相协调。但是决定规划指标数值的政府相关部门难以对居民的需求全部了解，对市场的了解更逊于开发企业，很容易产生利益失衡。

根据第 2 章政府治理理念以及利益相关者治理的理论，城市住宅开发政府干预不能由政府机构一言堂，政府要放权于民，寻求多方参与，共同对城市住宅开发活动进行治理，使公共机制与市场机制有机融合。因此，应通过制度建设加强公众参与。

上述观点得到问卷调查结果支持，统计数据显示：59% 的调查者认为房地产开发政府干预很少或没有公众参与，86% 的调查者认为有必要加强房地产开发政府干预的公众参与，与本文中加强公众参与制度建设观点基本一致。

2. 公众参与制度建议

城市住宅开发政府干预过程中，应在城市历史文化保护、住房建设规划编制、项目规划控制指标确定等方面加强公众参与。

当前，由于我国历史文化保护的范围、标准及认识还处在发展过程中，历史文化保护的范围是不断增加的，当前没有保护的历史建筑将来就需要保护。由于历史文化建筑和环境的不可再生性，不能仅局限于已确定的区域。因此，有关历史文化保护的拆迁要制定科学论证制度，应由多方人员组成，以做出正确决策。对有争议的建筑的拆迁必须进行文物普查、专家论证、社会公议，要广泛的听取市民的意见。其中，当地老居民对区域历史文化建筑有更多的了解和深入的认识，因此特别需要听取他们的意见，应纳入到决策机制中，以免造成难以挽回的影响。

同样，当前住房建设规划编制缺乏能使公众直接参与的有效机制，主要表现为：公众直接参与决策的途径和机会较少；公众间接参与决策的渠道不畅，间接参与难以真正落实。如何让规划符合大多数人的利益是城市住宅开发可持续发展的重要影响因素。因此，在制定方案过程中应该进行广泛的调查，听取大众的心声。合理的方案应该是在广大公众的激烈讨论声中产生的，从民意中吸取建议，可以避免政府盲目决策，为城市住宅顺利开发打下基础。以当前的现状为基础，公众参与可以通过以下几个途径进行：一是直接邀请部分公众作为代表参与住房建设规划方案的制定和决策；二是更多的公众可以通过公示制度表达自己的想法和建议；三是通过人大代表走访和调研，间接反映公众的愿望。另外，结合政府信息公开，公众可以加强住房建设规划的实施的监督。

当前规划管制条件确定是一元决策模式，利益相关者难以表达意见，易造成相关者利益的不平衡。当前在国有土地使用权出让前要制定控制性详细规划，确定住宅开发项目用地的建设条件，确定控制指标的数值，这些工作的决策者是政府部门，其他公众缺少参与途径和机会。由于政府部门确定的规划管制条件限定了产品市场定位，而政府部门对住房资源的配置效率不比市场高，由政府单一主体决策的一元模式，难以充分考虑各利益相关者的要求，产生利益失衡。由于企业比较了解市场的情况，同时规划管制条件对开发项目经济效益有很大影响，建议确定规划管制指标数值时，在决策者中增加直接面向市场的房地产策划中介机构或者房地产开发企业，决策时考虑他们的意见，使决策的结果更加贴近市场、更加科学。同时，听取普通民众的意见，在土地出让前就使各方的意见充分交流，使决策即科学又合理。另外，加强公众参与能减少企业变更规划的要求，减少寻租腐败的活动可能。

上述观点得到问卷调查结果支持，按选择率高低顺序，调查者认为主要应在保障住房建设数量（62%）、布局（55%）、拆迁决策（47）、土地供应结构（29%）、住宅规划控制指标（23%）确定等方面加强公众参与。与本文中加强公众参与制度建设观点基本一致。

5.4.2　项目建设意见书制度

城市住宅开发的外部性，使政府可以在多个方面对住宅开发建设的多个指标进行控制。政府调控指标的落实，可以通过制定住宅标准来进行。但是，由于政府管制内容是变化的，以标准形式来要求在时间上难以同步。原因在于人们对住宅的外部性、政府管制的内容有一个认识的过程，因此，实行管制的内容也是逐步增加、变化的。此外，管制的实施需要看时机是否成熟。比如，住宅产业化成套技术的应用方面，成套技术的应用技术是否过关，住宅部品市场的供应能力是否足够等。

针对这种情况，可以通过建立城市住宅开发项目建设意见书制度来落实。土地供应环节是住宅项目整个运行过程中主体变换的节点，土地供应前是政府确立住宅开发要求的阶段，土地供应后就是企业落实各项要求到项目方案上，然后执行方案，最终落实到建筑实体的过程。在主体转换前明确，对住宅项目开发建设提出产业化建设条件是符合政府管制要求的。而主体转换后再提要求就有干涉企业自主经营的嫌疑。因此，通过建立住宅项目意见书制度，规定在土地供应时，由政府相关部门通过项目建设意见书的形式提出住宅建设要求，作为土地出让合同的一部分，管制住宅建设标准，促进住宅的经济性能提高。

5.4.3 部门联审制度

城市住宅开发管理目标多，手段多，各种计划要协调，多种管制要求要落实，需要多个部门的配合、把关，因此需要建立联审制度使政府对城市住宅开发进行综合的控制和监督。

城市住宅开发政府干预要与经济发展计划、城市拆迁计划、土地供应计划、房地产开发计划、住房发展规划目标相一致，要落实城市规划建设等条件。由于这些工作由相关的多个政府部门或机构负责，涉及了发展改革部门、规划管理部门、土地管理部门、建设管理部门、房管部门。因此，为了管理到位，管理工作相互协调，建立政府干预联审制度。

建议在施工许可环节，由相关部门对计划和管制的内容落实情况进行联合审查，在关键环节把关，保证后续项目的进行按照预期目标进行。

5.5　小结

本文对城市住宅开发政府直接干预子系统进行了研究，对城市规划管制指标的选用和住房建设规划编制管理提出建议，针对土地供应的供应量、地块规模划分、供应前置条件的管理提出了建议，建议加强政府干预公众参与制度、项目建设意见书制度、政府干预联审制度。

第6章　城市住宅开发政府间接调控子系统研究

根据城市住宅开发政府干预总体目标、指导原则及总体调控思路，本章对城市住宅开发政府间接调控子系统的行业管理手段、税费征收手段以及信息公开手段等方面进行研究并提出建议。

6.1　行业管理模式研究

城市住宅开发及政府干预中存在市场失灵与政府失灵，政府行业管理模式单一。本节通过对行业协会运行机制的研究，对住宅开发行业管理模式提出改进建议。

6.1.1　国外行业协会运行模式借鉴

市场经济发达国家的行业协会走过了几十年甚至上百年的发展历程，形成了较为固定的运行模式，尤其是其业务职能设置，在长期的市场经济检验中证明是科学合理的。它们成熟的运行模式和职能设置对我国行业协会的发展有重要借鉴意义（丁声俊，2003；何应文，2005）。

1. 国外行业协会的基本运行模式

目前国外行业协会的运行模式有两种：一种是以美国为代表的“水平模式”，另一种是以日本和德国为代表的“垂直模式”（何应文，2005）。

以美国为代表的“水平模式”是一种主要以企业自发组织、自愿参加为特点的行业协会模式，具有较强的民间性，在管理上自由放任，规范松懈。企业只要存在相同的利益，就可以建立一个行业协会，政府对此既不干预，也不予资助。行业协会为企业提供技术与信息服务，协调政府、企业、消费者之间的关系，同时当政企发生矛盾时，实力强劲的行业协会组织寻求议会的支持与介入，按照长期以来美国人所推崇的以对立制衡原则处理政府与行业协会的关系。

“垂直模式”的代表国家主要有德国和日本，这种模式的行业协会在设立及运作过程中，政府作为一方参与其中，大企业作为其主导，中小企业嵌入其中，形成了一种多核心或者单核心结构，成员企业之间通过直接联系和间接联系，产生结构洞❶，结构洞的出现使得成员企业更具有信息和资源优势。“垂直模式”的特点是行业协会的运作得到政府的支持和资助，行业协会具有庞大的组织机构和较高的组织化程度，协会的覆盖面广，政府与行业协会是一种合作协调关系。

2. 行业协会的职能

虽然两种不同模式的行业协会，在运作中政府介入的程度有明显的差异，但是行业协会的职能却是趋同的，即具有信息沟通与传递、监督、代表、服务、协调、研究及公证的职能（丁声俊，2003）。

首先行业协会具有信息传递与沟通、服务的职能，行业协会作为三元社会的中间非盈利组织，是某一行业诸多企业形成的动态联盟，它是一种网络结构，在复杂的网络结构中，其主要职责就是承担着信息传递与沟通，为网络中的企业服务的职能。其服务职能主要体现在及时向政府传递企业的诉求、帮助企业进行培训、制定行业规范合同、行业技术标准和市场行为规范、提供咨询、法律服务，作为企业代理人与政府、其他经济组织、社会组织进行沟通及谈判等。

其次是代表与协调职能，行业协会作为网络结构中企业的代言人，应该代表企业传递企业的共同心声，向政府反映企业的要求和企业发展中面临的共同困境，发挥其服务职能；另一方面，对于网络中的各企业进行协调，不论是存在核心企业的中间性组织，还是无核心企业的中间性组织，网络结构中的成员企业在名义上还是处于平等地位的独立个体，当组织边界内部的成员产生矛盾

❶ 结构洞理论（structuralholes）由罗纳德·伯特提出，他认为经济中，供求不一定见面，行为主体可以通过占据其他未联结节点之间被称为结构洞的位置在网络中获得稀缺资源。

冲突及利益分歧时，行业协会具有协调组织内部成员解决冲突的职能；另一方面，在组织边界以外，代表协会成员的利益，协调同政府其他经济组织的关系。

第三，具有监督、公证制定行业标准的职能。行业协会具有监督本行业的产品质量、经营作风，具有维护行业信誉、打击违法经营、违规行为，制定行业自律标准、公约的职责。同时，还要履行其协助政府对行业内企业进行管理与控制的职能；如进行资格审查，进行培训，发放生产许可证，市场准入证等。

通过对国外行业协会的运作状况进行分析可知，行业协会具有以下几个方面的属性：民间性、广泛性、服务性、中介性和自愿性。国外行业协会的运行模式可以为改革我国住宅开发行业协会的运行模式提供参考。

6.1.2 住宅行业协会运行模式构建

我国住宅行业协会的运行模式应根据现代社会的三元结构发展趋势，借鉴国外行业协会运行模式进行构建。

就我国当前行业协会的运作状况来分析，我国绝大多数行业协会都是依附于政府并依靠政府给予财政支持而存在，行业协会成为政府的附庸。我国已经存在的房地产行业协会、房地产估价师协会、土地估价师协会主要是以社会团体的形式存在，在房地产行业发展中没有起到应有的作用，其独立地位没有得到承认，实际上是政府职能部门的延伸。虽然53%的调查者认为政府对开发企业与从业人员管理比较适度，但60%调查者认为开发行业协会在行业管理方面作用不大，60%调查者认为应加强政府与行业协会的共同治理。所以，要重新构建我国住宅行业协会的运行模式。

根据第2章中间性组织理论，在政府对住宅产业进行规制的过程中，存在着“政府失灵”及寻租等问题，难以适应住宅产业的发展要求。为了提高政府对住宅开发企业的管理效率，对住宅开发企业进行管理的过程中，亦应该改变传统的二元运作管理模式，在住宅产业的管理中，嵌入中间性组织——房地产行业协会（Hollingsworth，J. R and Lindberg，leon，1985），形成“三元模式”，其管理的基本架构见下图6.1所示。

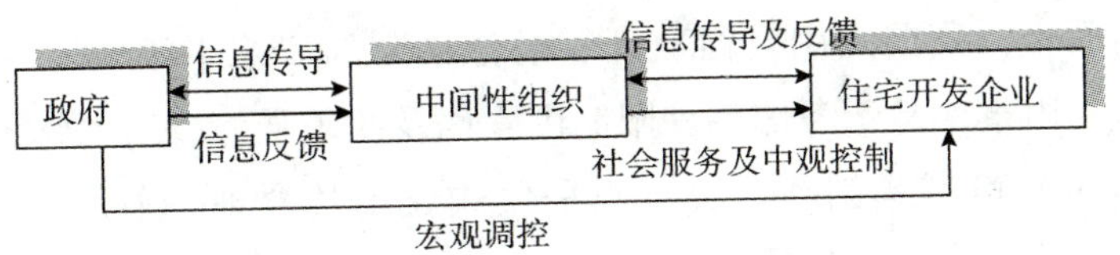

图 6.1　嵌入中间性组织的住宅产业结构模式

基于管理成本和运作效率的视角，在政府对住宅开发企业的管理中，嵌入行业协会，作为政府与私人部门的协调者和对话者，承担某些政府不应该“管”的职能，或者是政府和市场均失灵的领域，形成公共部门－中间组织－私人部门的合作模式，建立行业协会的协调机制。见图 6.2 所示。通过中间性组织的协同优势、信息沟通优势及速度优势来提高管理的效率。

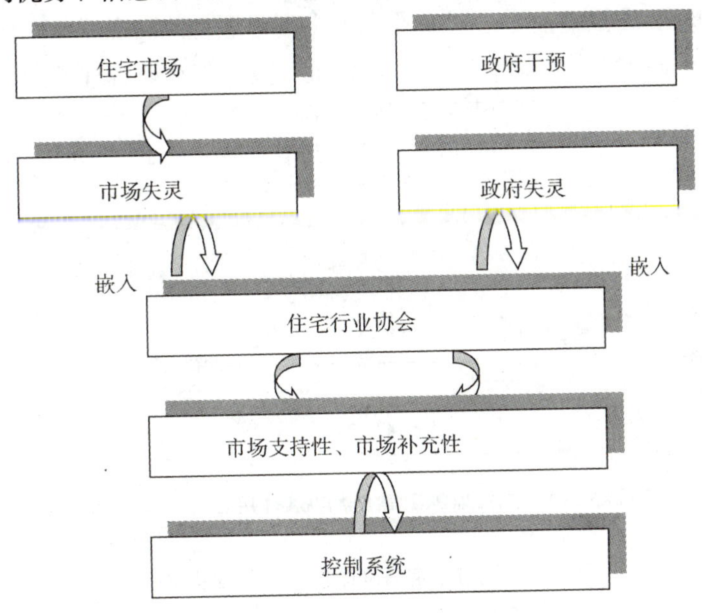

图 6.2　行业协会的协调机制

结合我国经济的发展状况和原有的二元社会结构模式，在住宅开发企业的管理中，嵌入中间性组织，形成三元结构模式。我国住宅行业协会在运行中，应该借鉴德国、日本行业协会的运作经验，宜实行“垂直模式”，即政府参与行业协会的建立，行业协会在资金、政策方面得到政府的支持。虽然以前我国各种类型的行业协会在运行中成为政府机构的附庸，缺乏其独立性和广泛性，但是就当前而言，我国采用自由放任、规范松懈的“水平模式”还存在着诸多的不利影响因素，基于考虑各种限制因素以及我国强势政府的管理模式，住宅企业管理实行跨越式创新，实行水平模式还不甚合理，采用“垂直模式”较为适宜，也符合渐进式发展的规律。

6.1.3 住宅行业协会管理措施

我国住宅开发行业管理，应弱化政府管理，拓展行业协会对住宅开发的管理职能，形成协会与政府的新型协作关系。根据国外企业管理的运作模式，政府实施宏观管理，行业协会实施中间管理、企业负责微观管理。我国政府对住宅开发企业进行系统管理的过程中，应该让住宅行业协会协助政府来对行业进行控制。同时，通过专业学会对专业人士进行管理，共同规范城市住宅开发活动，以提高管理的效率。如图 6.3 城市住宅开发政府行业管理示意图所示。

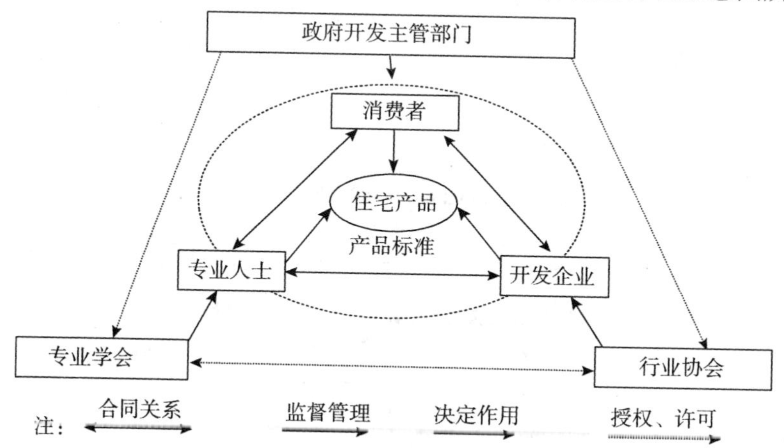

图 6.3　城市住宅开发政府行业管理示意图

对住宅开发行业的管理，行业协会职能的拓展措施具体体现在如下方面。如把企业资质年检、开发规模的研究、住宅产业的年度统计、住宅开发新技术的推广、绿色生态住宅的评估标准、绿色住宅等级的评定及等级证书的授予、住宅竣工项目的竣工验收、验收合格证的发放等具体工作交由住宅行业协会来完成；政府部门加强对行业协会的指导和监督；同时政府应该改变原有的对住宅开发企业多头管理的运作形式，赋予行业协会应有的职责，使住宅行业协会与开发企业之间形成密集的网络结构，在这个网络结构中，信息可以在协会与开发企业之间便捷地传递，协会与企业互动，这样可以极大地提高协会的服务效率。

我国在通过专业学会对专业人士进行管理时，主要应加强以下职能：管理专业人士的执业行为；组织专业人士的资格考试；认证专业人士的从业资格；组织专业人士进行科学研究与学术交流；制定颁发专业人士工作条例、职业道德规范等。

6.2 税费征管改革研究

本节对土地增值税、营业税以及基础设施配套费征收管理进行了研究，提出了改革建议，以配合其他措施对城市住宅开发进行调控。

6.2.1 调整土地增值税预征税率

根据第2章税负转嫁理论，卖方市场情况下，土地增值税容易转嫁给购房者，而预征方式更是直接转嫁，造成房价上涨。而改革土地增值税征管方法可以发挥抑制房价的作用。本小节首先假设一种新的预征税率形式，在研究土地增值税预征税率改变及对利润、房价的影响基础上，提出土地增值税改革建议。

6.2.1.1 土地增值税预征税率新形式

土地增值税预征税率新形式：把预征税率由各种类型房地产的等比例税率改变为等比例累进税率，计税依据为销售收入，预征税率的大小依据单位住房价格的上涨幅度进行调整，住房单价高过一定幅度时税率提高。

通过土地增值税预征税率形式变革，既保证土地增值税预征办法对增加税收收入、均衡入库、足额入库的优点，又能充分发挥土地增值税抑制企业暴利和调控房价的作用。下面对作用发挥过程进行分析。

6.2.1.2 税率变化及对利润、房价的影响

我国城市住宅开发项目的经营以销售为主，下面就以销售为主的住宅房地产开发项目为例分析土地增值税预征税率改变及对利润、房价的影响。

1. 土地增值税税前利润计算公式

税前利润 = 销售收入 - 项目总成本费用 - 销售税金及附加 - 土地增值税

土地增值税 = 预征税率 × 销售收入

项目总成本费用 = 财务费用 + 项目总成本费用非财务费用

按开发项目单位建筑面积表示的土地增值税、项目所得税税前利润等可以表示为如下公式：

税前利润 = 销售价格 − 项目单位建筑面积总成本费用 − 项目单位建筑面积销售税金及附加 − 项目单位建筑面积土地增值税

项目单位建筑面积土地增值税 = 预征税率 × 销售价格

项目单位建筑面积项目总成本费用 = 项目单位建筑面积财务费用 + 项目单位建筑面积扣除财务费用项目总成本费用

2. 等比例累进税率对利润、房价、项目成本费用的影响

采用等比例累进税率，则房价上涨，税率提高，预征的土地增值税提高。同样情况下，项目的利润就比采用等比例税率低。同时，按照价格与销售量、项目财务费用、项目总成本费用的关系，采用等比例累进税率可能增加项目的总费用。

根据经济学原理，在其他条件不变的情况下，当市场上价格上升则需求量下降，随价格上升成交速度下降。同样，在同一个市场环境中，对同一个住宅开发项目来说，住房价格低比住房价格高时的销售速度要快，房价大幅提高一般伴随着销售速度降低。而销售速度慢则销售周期就长，若项目利用房地产开发贷款比较多，对项目的影响之一就是可能增加项目的财务费用，进而增加项目总的费用，并且有可能造成开发企业的资金链断裂。

设计合适的等比例累进税率，房价上涨带来的利润与承担的风险相比，对价格的抑制作用大于等比例税率。依据价格确定税率确定土地增值税的额度，建立了土地增值税与房价的直接联系，进而可以通过土地增值税实现调控房价的目的。预征税率采用超率累进税率能达到这样一个效果，即随房价上涨政府的税收增加，涨价超过一定幅度时税率提高，相对收入增加对应应纳税额的比例增加，而企业的税后利润率没有随房价上涨产生同样的涨幅，相当于给价格设置了一个顶板，从而抑制价格的上涨。这对开发企业经常采用的价格低开高走、期期攀升的定价策略，该法可以起到调控价格的上涨节奏的作用，对开发企业销售的新增商品住宅的价格调控有实际影响。

在土地增值税理论中以项目为核算单位计算土地增值税的方法由于房地产开发周期长会导致土地增值税计算复杂、清算滞后的问题，不能对即时的房价

产生影响。而现在依据单位住房价格的上涨幅度确定税率，对各个销售时期的即期收入进行土地增值税的征收，可以对即时房价的动态涨跌产生作用。

6.2.1.3　土地增值税税收征管规范措施

根据土地增值税预征税率改变对利润和房价的影响分析，正常的情况下，若收入、成本费用不变，土地增值税的征收不会直接提高成本，只会降低项目的利润。通过比较土地增值税预征与清算方式对利润的影响，发现按预征方式征税征得的税款比清算方式进行征税的税款数额要小得多，即只预征不清算的征收方式比清算方式，开发企业的税负要低。

当前土地增值税的征收方式，即在清算前土地增值税要预征，不能进行清算的税务机关可以参照与其开发规模和收入水平相近的当地企业的土地增值税税负情况，按不低于预征率的征收率核定征收土地增值税。在这种背景下，可以通过改革土地增值税的预征税率来实现对房价的调控作用。

1. 等比例累进税率的确定

预征税率设置为超率累进税率，其预征税率值可以参照《中华人民共和国土地增值税暂行条例》来计算，具体的可根据实际住房销售单价与住房计划单位价格的比值关系确定，比如：实际住房销售价格未超过住房计划价格，预征税率为0；实际住房销售价格相比住房计划价格上涨幅度在某个界限 X_1 内预征税率取一个值 Y_1，在另一个界限 X_2 内预征税率取一个更大的值 Y_2，等等，X、Y 的数量可按照计算的方便和调控的需要确定档数。

参数确定说明：

（1）住房实际销售单价：为某类型住房开发项目某个销售期同时在售楼盘实际的平均单位价格，也可以是同期销售的多个楼盘的平均单位价格，或是新推出的单独一幢楼的平均单位价格。

（2）单位住房计划价格：项目所在区域同级别土地上同类型项目的平均计划价格，它根据社会平均生产率水平，按期望的社会平均投资回报率作为计划利润确定。首先通过对项目所在区域同级别土地上同类型项目平均成本的调研测算得到计划成本，然后考虑房地产市场情况在社会平均投资回报率基础上确定的利润率水平确定计划利润，最后两者相加得到具体区域住房项目的计划价格。此价格宜根据物价指数变动及住房整体品质的提高进行修整，并定期进行公布。

（3）系数 X_i：实际住房销售价格比住房计划价格得到的上涨幅度。它的确定要考虑几个方面的因素：①参照土地增值税计算中规定的增值率数值大小；②考虑社会可承受的房价上涨的幅度；③要在对某区域同级别土地上同结构类型住房项目的总开发成本费用、利润进行调研测算基础上考虑时间、物价上涨的幅度、楼盘品质的提高、收入增加的幅度、政府对房价的调控目标等多方面影响进行修正后确定。

（4）系数 Y_i：预征税率。它的确定首先可以参考《条例》规定的税率，根据以增值数额与税率相乘所得土地增值税额同新的预征方法计算得到的土地增值税额相等的关系确定一个基本预征税率数值，在此基础上考虑征收企业所得税的影响及政府对价格调控目标的要求等，经修整最终确定预征税率的大小。

（5）其他说明：由于各地同地段、等级、同类型项目的开发成本、费用差别不大，因此本文以单位住房计划价格作为土地增值税征收的一个参考线，该价格对开发企业的房屋定价及销售不具约束作用。以该价格作为标准确定实际价格的上涨幅度，确定每期收入带来的土地增值，进而确定税率，避免了房地产开发企业可能通过重复扣除费用和多扣除费用使缴纳的税款减少的问题。以此为征税底线主要还是考虑到开发企业投入资金获得平均利润是企业应得的；对于企业管理水平高、成本低而带来的较大的增值空间的项目在预征土地增值税时不会多计税而影响企业经营的积极性。

实际销售单价的确定要考虑项目的具体情况和实际的市场状况，考虑项目售价变化的特点，以及由于各个企业的管理水平不同、楼盘的品质不同以及由于建筑材料价格的波动使得各个项目的实际成本又与计划成本是不同的特点，由此导致具体项目在不同的销售价位上每单位面积的房屋对项目利润的贡献是不同的。根据具体项目在不同销售期间实际销售价格比计划价格上涨幅度的大小确定预征税率，能对即时房价产生明显作用。

2. 土地增值税改革配套措施

以上土地增值税预征办法改革要想成功运作需要做好基础数据的采集工作，需要相关部门的配合，充分利用计算机信息技术，并采取相应的配套措施：

（1）加强住房价格、成本和利润的调研测算。

上述方法需要知道不同地段、不同等级的各类型楼盘项目的计划价格、成本费用、利润的参数，所以应该做好上述数据的调研测算工作和信息发布工作，这需要物价部门的配合。公布房价成本信息是大势所趋，这项工作得到物价部门的配合应该不是问题。

(2) 作好地价、建材价格、生产资料价格等房屋价格上涨因素分析。

地价、建材价格、生产资料价格等价格上涨会影响楼盘的成本费用，影响所得税扣除金额的大小，会对土地增值产生影响，应收集这些数据，测算其对预征税率的影响，这需要统计部门的配合。

(3) 合理确定价格上涨幅度界限值和预征税率值。

综合考虑各种因素，考虑政府政策的导向、市场状况、企业的经营环境，以实际调研测算的数据为基础确定合理的价格上涨幅度界限值和预征税率值，通过这些数值的确定引导企业的价格策略，这需要政府明确的指导。

(4) 充分利用计算机信息技术。

对土地增值税等房地产税收的征管涉及多个部门，征管难度高、工作量大、计算繁杂，应充分利用信息计算，通过税收征管计算机辅助系统保证税收征管的顺利进行。

6.2.2 调整城市基础设施配套费促进住宅产业化

从住宅产业化对住宅全寿命周期成本影响的角度看，住宅产业化对全寿命周期中不同类型成本有不同的影响。

全寿命周期成本（王文亮、张永安，2001）是指产品从设计、生产、销售、使用、报废期间的全部费用。则住宅建筑“全寿命周期成本”是指住宅建筑从建筑规划、设计、施工、运营维护及拆除、回用，这样一个孕育、诞生、成长、衰弱和消亡的过程。从生产建设和使用过程来看，它包括生产成本（PC）（或者说开发建设成本）和使用成本（UC）。

$$建筑的全寿命周期成本（LCC） = PC + UC$$

住宅产业化在提高住宅品质和建筑效益的同时，不同的住宅产业化技术、部品、产品对住宅全寿命周期成本产生不同的影响。以成品房装修到位与太阳能热水系统、垃圾生态化处理技术为例，成品房主要提高了住宅的开发建设成本，而太阳能热水系统及垃圾生态化处理技术在提高住宅的建设成本的同时，能节约能源、资源的使用，降低了住宅的使用成本。

住宅全寿命周期成本中建设成本、使用成本与城市基础设施使用有不同的关系。住宅建设成本高对住宅消费者使用基础设施、公共服务的程度没有影响，但住宅使用成本低则与住宅消费者使用基础设施的程度有关系。如太阳能热水系统的使用降低了家庭中选择燃气热水器与电热水器的数量，必然降低对燃气、电力设施的需求；垃圾生态化处理技术的应用降低了对垃圾处理设施的需求。

因此，从促进住宅开发持续发展角度，采取的措施：（1）对城市住宅开发中主要影响生产建设成本的住宅产业化技术采取增加营业税的扣税基数措施；（2）对降低使用成本的住宅产业化技术减免征收城市基础设施配套费的措施。

6.2.3 调整营业税计算基数促进住宅产业化

营业税 =（单位销售价格 + 单位面积价外费用）×可销售面积×税率

根据上述公式可知营业税与营业额、与价格成正比。

其中，价外费用包括向对方收取的手续费、基金、集资费、代收款项、代垫款项及其他各种性质的价外收费，如开发商向购房者收取延期付款利息、集中供热、管道煤气、有线电视、电话等费用（不包括住房维修基金）。由于价外费用包括房地产开发企业代当地政府及其职能部门收取的资金，以此为基数征税必然提高税费，抬高价格。

采用住宅产业化技术会提高住宅项目的开发建设成本，在不影响销售的前提下，若企业要求利润等条件不变则必然抬高项目的价格，若价格不变必然降低项目利润。从抑制房价、推动住宅产业化目的出发，可以采用税收手段消除其影响，方法为改变营业税计征方法，具体内容如下：

若改变营业税的计税基数，即：

营业税 =［单位（销售价格 + 价外费用）－扣除项目］×
可销售面积×税率

扣除项目 = 采取产业化增加的成本 + 价外费用

采取此措施，能在不多增加税费的情况下，减少对利润的影响，促进产业化发展。

6.3 信息公开管理系统研究

当前城市住宅开发及管理的信息公开缺乏专门信息公开系统、信息公开形式不规范、公开的信息内容不全面，各种信息搜寻成本较高。为规范城市住宅开发及管理，本文根据集成理论构建城市住宅开发及管理信息公开系统。

6.3.1　城市住宅开发信息集成化管理

根据集成的内涵、集成的本质是要素的整合和优势互补。因此，对于城市住宅开发政府信息公开系统，运用集成管理手段同样有助于消除信息孤岛，实现城市住宅开发政府信息资源的共享，并降低城市住宅开发信息搜寻成本，这是由城市住宅开发政府信息的特点决定的。

1. 城市住宅开发信息集成化管理的必要性

城市住宅开发规范化需要市场信息的公开，需要城市住宅开发政府信息的公开，这使政府成为城市住宅开发信息公开集成系统的推动者，并且有明确的集成目的。

根据第2章集成理论的观点，政府各部门掌握的城市住宅开发政府干预相关信息公开系统形成信息集成单元，这些集成单元的存在可能性、客观性，相互间具有相容性、互补性等界面条件，城市住宅开发政府信息公开系统的集成符合功能倍增原理。

城市住宅开发管理的多部门、多环节使城市住宅开发政府信息公开系统的集成单元存在具有可能性、客观性。当前管理城市住宅开发的部门很多，分别形成了各自的办公系统以及信息公开系统，如土地市场信息系统、规划信息公开系统、房屋交易信息公开系统等。这些子系统是客观存在的，从整个城市的住宅开发政府信息公开体系看这些子系统形成了其集成单元，是整个信息系统的基本单位。即对于城市住宅开发政府信息公开系统来讲，其集成要素就是各个子系统。

同时，形成城市住宅开发政府信息公开系统的集成单元之间具有相容性、互补性以及一定的界面条件使系统集成存在具有必要条件。城市住宅开发各部门的政府信息一般反映了城市住宅开发项目形成过程中状态的，都与住宅开发项目的某种属性有关的、需要公开的信息，因此集成单元间具有相容性。城市住宅开发政府信息公开系统的集成单元反映了城市住宅开发不同方面的信息，对投资决策、住房消费欲求、城市住宅开发规范化以及管理的规范化有不同的作用，集成单元间具有互补性。另外，通过建立城市住宅开发信息的公开标准可以形成高效有序的集成界面。

城市住宅开发政府信息公开系统的集成符合功能倍增原理，只有单元集成才能降低信息搜寻成本，有效规范、监督政府的行为。上述特点使系统集成具有了充分条件。

2. 城市住宅开发信息集成模型

根据城市住宅开发政府信息的内容、特点以及涉及的机构，其信息公开集成可以分为三维信息集成，其关系如图 6.4 所示。

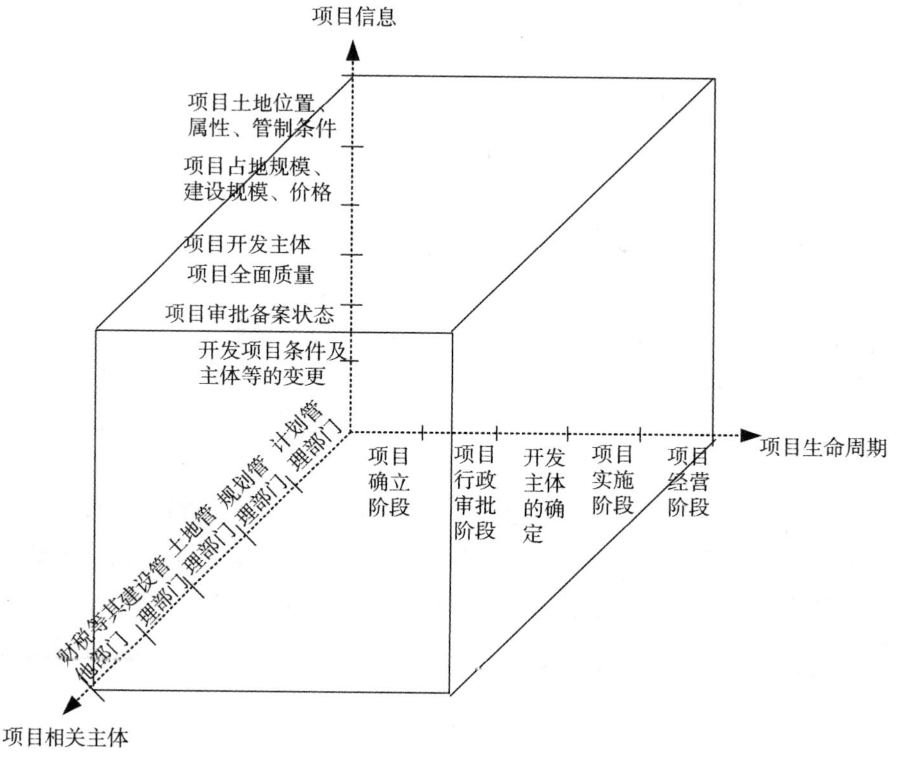

图 6.4　城市住宅开发信息集成模型

城市住宅开发政府信息公开集成系统包含了三个信息集成纬度，其信息构成涉及了这三个方面。

（1）城市住宅开发管理主体集成。城市住宅开发管理机构是管理城市住宅开发并能在这个过程中获得城市住宅开发信息的政府机构或部门，即城市住宅开发政府信息获得者。对各类主体的集成，其目的就是消除在政府信息管理及公开中和已经有可能出现的各类“信息孤岛”现象提供组织保障。因此，只有采取有效措施实现有关管理主体的集成，才能使集成所带来的整体优势极大地超过若干管理主体简单的优势组合，通过管理主体的集成保证信息的集成进而降低信息搜寻成本，最终保证政府信息公开作用的实现。其集成模式可以设立专门的部门或者由政府某一机构负责城市住宅开发政府信息公开工作。

（2）城市住宅开发项目信息集成。城市住宅开发工作的载体是城市住宅开发项目，项目的属性信息有很多，分别在不同政府机构管理工作过程中获得，这些信息包括了项目土地位置、项目住房属性（政策性住房、商品房等）、管制条件，项目占地规模、建设规模、价格、项目开发主体、项目审批备案状态、项目开发的前提条件以及主体变更的情况。通过建立城市住宅开发项目政府信息公示的数据标准，能完整、全面、自由灵活反映城市住宅开发的情况，发挥信息指导决策，降低寻租腐败行为的作用，进而促进城市住宅开发及管理的规范化发展。

（3）城市住宅开发项目寿命周期信息集成。从开发项目确立到项目竣工交付，城市住宅开发项目寿命周期经历了项目确立、项目行政审批、项目主体确定、项目实施及项目经营等阶段，在这些不同阶段中政府获取了城市住宅开发的不同信息。要全面反映城市住宅开发的情况需要对不同阶段政府信息集成，结合项目信息集成，消除信息在时间上的孤岛与断裂。

6.3.2　城市住宅开发政府信息公开系统构建思路

根据城市住宅开发信息特点，本着降低信息搜寻成本、规范城市住宅开发及政府干预、监督城市住宅开发中各主体行为的原则，构建城市住宅开发政府信息公开系统。主要构建思路如下。

（1）借助互联网的优势，整合所有管理城市住宅开发机构获取的信息，建立统一、综合的政府信息发布平台。

（2）根据土地作为不动产位置固定性的特点，以土地作为基本的项目信息载体，对土地编码规范化，把有关的项目信息全部附着到土地上。

（3）集成开发项目寿命周期里的信息，根据项目所处阶段，逐步对项目的信息进行公开，信息确定一部分就公开一部分。

总的来讲，就是以项目为载体，根据项目寿命周期流程，对项目确立到项目开发建设实施管理全过程构建基于“地—项目－楼—房”的数据信息系统，与当前“地—楼—房”为基础数据房地产市场信息系统结合、衔接。创建与楼盘表对应的“项目图”，通过建立“项目图”的方式整合项目的各种数据。借助互联网的优势，建立统一、综合的政府信息发布平台。

6.3.3 城市住宅开发政府信息公开的内容与环节

城市住宅开发政府信息公开应注意以下内容与环节。

1. 城市住宅开发政府信息公开的内容

根据城市住宅开发政府信息内容，对上述政府信息公开，从引导市场作用看，能减少信息不完善的程度，减少信息不对称，便于市场主体的决策（如政府的政策、开发企业的决策、消费者的决策），保护消费者利益，降低搜寻成本，减少信息的碎片，提高管理效率，再是增加政府工作透明度，规范城市住宅开发中企业的行为与政府行为，监督城市住宅开发中企业行为与政府行为。因此，信息公开的内容包括以下方面。

（1）对政府、企业、消费者决策均有影响的政府信息：如住房建设规划关于一定时期、一定位置建设某一数量各类住房的信息；各类住房供应的状态，如某年度各类住房土地供应的总量（总用地规模、总建设规模）、具体宗地的位置、规模，获得规划许可证的项目位置、规模，获得施工许可证的项目位置、规模等。

（2）反映城市住宅开发过程中企业与政府行为规范的信息：主要是各种管制条件及其在不同管理阶段的变化，项目的配套、建设标准要求及在不同阶段如设计、施工、竣工的变化。

（3）政府掌握的影响消费者权益的住宅开发项目质量信息：主要是政府管理过程中掌握的住宅项目质量目标等级信息、住宅性能认定信息、施工图设计文件审查获得的质量信息以及住宅竣工验收获得的质量信息。

2. 信息数据来源及信息公开的环节

信息数据来源：数据来源自住宅开发项目确立、开发建设实施过程中政府活动与管理过程中有关的数据信息。

（1）规划设计部门：城市的总体规划、城市各区片的控制性详细规划、各地块的规划建设控制条件、许可证的发放；建筑设计、施工方案审查情况。

（2）房产部门：住房建设规划（各类房屋的规模、布局、时序）。

（3）土地部门：土地供应计划、年度土地供应计划、土地供应条件。

（4）计划部门：项目立项情况。

（5）建设部门：施工许可证的发放情况、竣工验收情况。

（6）房管部门：预售许可证发放情况、预售项目情况。

表6.1　信息披露过程与项目完善的关系表

项目阶段	与项目管理有关的部门	管理工作内容	项目信息
项目确立阶段	城市规划部门	城市总体规划	项目位置
		控制性详细规划	项目地块的规模、配套设施
		详细建设规划	项目楼幢位置、数量、户数
	房管部门	住房建设规划	项目的类型：房屋的性质是否政策性住房还是商品房
	土地部门	土地供应计划	项目的范围、总规模、时序
	（住宅产业化部门）	土地招牌挂条件	项目房屋的属性
项目行政审批阶段及建设实施阶段	计划部门	立项情况	列入投资计划的项目及规模
	建设管理部门	市政手续	完成相应手续的项目及规模
	土地管理部门	土地手续	获取土地使用权证书的项目、项目规模、总量、用地条件
	规划管理部门	规划手续	获取建设用地规划许可证、建设工程规划许可证项目、规模、建设条件、项目品质
	建设房管部门	施工、销售许可手续	获取项目施工许可证、销售许可证的项目、规模、建设条件
	税务部门	纳税情况	
	物价部门	价格申报	

在获取每个项目的数据、管理完善每个项目信息的基础上，形成市场总体信息，用以指导市场发展。搭建与当前房地产市场信息披露衔接的、统一的信

息发布平台。根据开发项目管理流程，逐步对项目的信息进行公开。

6.4 小结

本章对城市住宅开发政府间接调控子系统进行了研究。提出了拓展行业协会职能加强行业管理的模式，改革税费征收管理办法以及构建信息公开系统，完善信息公开内容等一系列建议。

第7章　案例研究

济南市是山东省的省会，城市经济及房地产开发规模比较大，城市住宅开发政府干预具有一定的典型性。因此，在前文研究的基础上，本章将通过对济南市城市住宅开发政府干预实例研究，对前文理论研究的结果进行说明与应用。

7.1　济南市城市住宅开发及政府干预简介

城市住宅开发政府干预内容比较丰富，本文主要围绕论文有关的政府干预管理内容进行简单介绍。

7.1.1　济南市概况[1]

从城市经济实力、城市规模以及房地产发展情况看，济南市是一个中等发展城市，也是中国房地产发展重要组成部分。到2006年，济南城市建成区面积达到238平方千米，城镇人口338.61万人。2007年，国民生产总值2554.3亿元，城市居民人均可支配收入18005.1元，房地产开发投资193.2亿元，2007年12月平均商品住宅价格为3494元/平方米。

7.1.2　济南市城市住宅开发状况

近10年来，济南市住宅开发投资稳定增长，住宅销售价格逐步升高，但保障性住房投资规模却一直不大，住房投资结构不合理。如表7.1和图7.1所示。

[1] 数据资料来源：济南市政府门户网站 http：//www. jinan. gov. cn/

表 7.1　1998～2006 年济南市住房开发投资与住宅销售价格数据❶

年份	住宅开发投资额（万元）	住宅开发投资增幅（%）	安居工程投资额（万元）	安居工程投资占住宅开发投资的比重（%）	住宅销售价格（元/平方米）
1998	116465	34. 5	10409	8. 91	1441
1999	176232	51. 3	21034	11．94	1685
2000	316374	79. 5	36419	11. 51	1800
2001	475038	50. 2	53454	11. 25	1858
2002	641988	35. 1	54175	8. 44	2068
2003	740877	15. 4	13247	1. 78	2307
2004	873664	17. 9	23904	2. 74	2831
2005	966733	10. 7	9939	1. 03	3026
2006	1260102	30. 3	17326	1. 38	3319

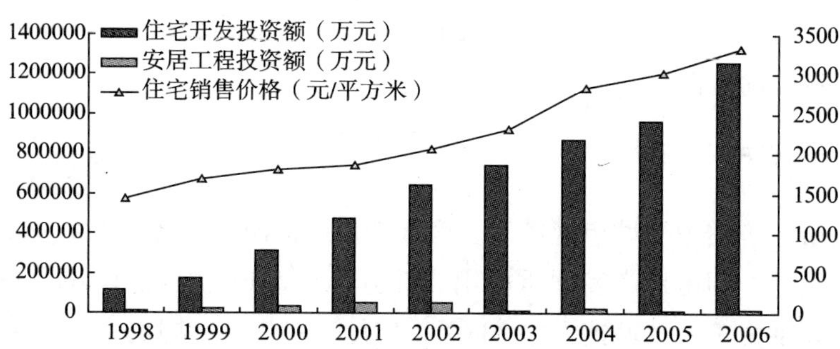

图 7.1　济南市历年住宅开发投资、安居工程投资与住宅销售价格趋势图

近年来济南市住宅开发投资规模比较合理，没有出现长时间过冷过热的现象。城市住宅开发投资一直保持比较稳定的增长态势，2000 年投资增幅最高达到 79.5%，近几年来发展比较稳定，年增幅在 20% 左右。但济南市最近几年投资结构不合理，保障性住房投资比例过低，安居工程投资占住宅开发投资的比重降到了 2% 以下。

❶ 数据来源：2000～2007 年《济南市统计年鉴》、《济南市年鉴》

济南市新增商品住宅价格持续攀升，并且维持在一个较高的位置。如图7.1所示。根据济南市建委对2008年初至7月底的新增住宅交易情况统计，济南市城区5个区住宅已售均价仍达到5236元/平方米[1]。而2007年济南市城市居民人均可支配收入18005.1元，若购买90平方米住房，则房价收入比为26.17。根据济南市建委2008年上半年对济南市住房价格作的一项调查，在11248名投票的人中，86.54%的人认为价格偏高，7.51%的人认为正常，5.95%的人认为偏低。考虑到济南市居民收入水平，济南市住房价格还是比较高的。

7.1.3　济南市城市住宅开发政府干预简介[2]

根据本文的主要研究内容，结合济南市的实际情况，本节从济南市住宅开发政府干预目标、城市规划、土地供应、财税金融、行业管理和信息公开等六个方面对济南市城市住宅开发政府干预进行介绍。

1. 城市住宅开发发展目标

政府没有专门针对住宅开发政府干预提出目标，但在房地产开发主管部门制定的房地产业发展规划中得到体现。

在济南市房地产业“十一五”发展规划中提出发展目标：“十一五”期间房地产开发投资达到1100亿元，建设住宅2400万平方米，其中经济适用住房420万平方米；城市居民人均住房使用面积由2005年的19.8平方米提高到2010年的24平方米，年人均增长0.8平方米；大力发展节能省地型住宅，新建商品住宅性能认定率达到60%，新建住宅严格实施节能65%的设计标准。

2. 城市规划调控措施[3]

从对住宅开发的调控来讲，济南市也按照国家统一政策要求，采取了编制住房建设规划和控制规划指标的措施。

（1）住房建设规划的编制。

济南市规划局组织编制完成了《济南市住房建设规划（2008年～2012

[1] 数据来源：济南住宅与房地产信息网（http：//www. jncc. gov. cn/realtymisportal）

[2] 数据资料来源：政府有关部门的网站与内部资料

[3] 资料来源：济南市规划局网站

年)》。制定了规划目标、住房供应目标、住房保障调控体系和住房建设结构、年度住房建设计划、住房建设用地布局和建设用地供应等内容。

确定了规划期内完成住房建筑面积、套数，保障性住房和商品住房各占建设量50%的比例结构及90平方米以下的住房套型面积70%的比例。

济南市住房建设规划是在住宅需求预测和投资规模预测基础上进行的。住宅需求预测是根据济南市实有住宅面积数据，按照中心城城区人口、人均住宅建筑面积指标，以及“十一五”房产管理发展预测，确定出“十一五”中心城住宅需求总量、年均需求量的建设规模。房地产投资规模预测是按照“十一五”期间济南市市辖区房地产投资开发保持不低于平均20%的增长率，采用增长率预测方法进行预测，确定“十一五”时期市区房地产开发投资总量、年均开发投资与每年房地产开发投资。

（2）规划条件管制措施。

根据建设部《城市规划强制性内容暂行规定》以及国家关于住宅套型比例和住宅密度控制的要求，济南市规定了与住宅开发项目相关的城市详细规划的强制性条件，包括：各个地块土地的主要用途；各个地块允许的建设总量；对特定地区地段规划允许的建设高度；各个地块的绿化率、公共绿地面积规定；规划地段基础设施和公共服务设施配套建设的规定；历史文化保护区内重点保护地段的建设控制指标和规定；建设控制地区的建设控制指标。具体指标包括：容积率、绿地率、建筑密度、建筑高度、基础设施、公共服务设施、主要出入口方位及专项规划的要求等指标，另外还包括：住宅套型比例、住宅建筑套密度（净）、住宅建筑面积净密度等指标。

（3）城市规划的公众参与。

在城市住宅开发政府干预过程中，公众参与主要发生在城市规划阶段。当前，济南市城市规划的公众参与内容主要包括：规划知识介绍、常见问题解答、受理规划业务咨询、问题投诉以及规划公告等。

3. 土地供应调控措施[1]

土地供应调控主要反映在土地供应总量的调控与土地供应前置条件的规定。

---

[1] 资料来源：济南市规划局网站

（1）制定土地供应计划、控制供地总量❶。

根据《济南市2008年度土地供应计划》，济南市居住用地安排计划：2008年度计划供应居住用地565公顷，占供地总量的30%，与往年相比适度增长。其中中低价位、中小套型商品房用地465公顷（含棚户区改造、奥体周边旧村改造等重点项目用地180公顷），经济适用房等保障性住房建设用地100公顷。确保中低价位、中小套型商品房和经济适用房、廉租房等保障性住房用地占全部居住用地的70%以上。

（2）土地供应前置条件。

根据济南市国土资源局国有建设用地使用权挂牌出让公告，土地供应前置条件主要包括以下指标：容积率、建筑高度、建筑密度、绿地率、停车率、中水设施等基础设施及其他非盈利性公建设施，要求住宅套型建筑面积控制须满足国家有关规定要求。此外，有的地块出让时还对拆迁安置房的配套建设提出要求。

4. 财税金融调控措施

济南市对开发进行的财税调控主要体现在土地增值税征管方面。土地增值税的征收采取先预征后清算的方式。在满足清算条件之前，按1%的预征税率进行土地增值税的预征，达到清算标准后进行土地增值税清算。

济南市金融调控按照国家统一的政策措施进行，银行对房地产开发贷款的发放具有如下特点：通过控制贷款增长比例控制贷款发放规模，贷款发放监控更加严格，由季度监控变为月度监控，每笔房地产贷款业务都上报银监局，对申请贷款开发企业的实力和所开发项目的要求更加严格。

5. 行业管理

济南市房地产开发行业管理工作，主要由政府对开发企业进行的开发资质进行审批、年检、升级、降级等管理工作，以及行业协会承担的部分行业管理职能。如济南市房地产业协会的职能就包括了：资金监管、信用管理、行业培训、房产投诉等工作。

对商品房预售款监管履行下列职责：组织实施商品房预售款监管工作；审

---

❶ 资料来源：《济南市2008年度土地供应计划》济南市人民政府济政字［2008］22号文件

查负责监管的担保公司的资格；接受预售人商品房预售款使用监督的备案；受理预购人对商品房预售款违法使用的投诉，依法查处商品房开发企业违法使用商品房预售款的行为。济南市该项工作由房地产行业协会实际承担，并已启用了“商品房预售款资金监管系统”。信用管理工作包括对企业的信用等级进行评定，并进行信用情况公示，行业培训主要对房地产开发企业的专业人员进行各方面专业培训，房地产投诉工作由协会受理。

6. 信息公开管理

济南市信息公开管理没有构建统一的信息公开系统，当前的信息公开主要通过几个大的信息系统发布，主要是土地类信息系统、城市规划管理信息系统、建设信息系统以及房管信息系统。信息公开系统构成如图 7.2 所示。

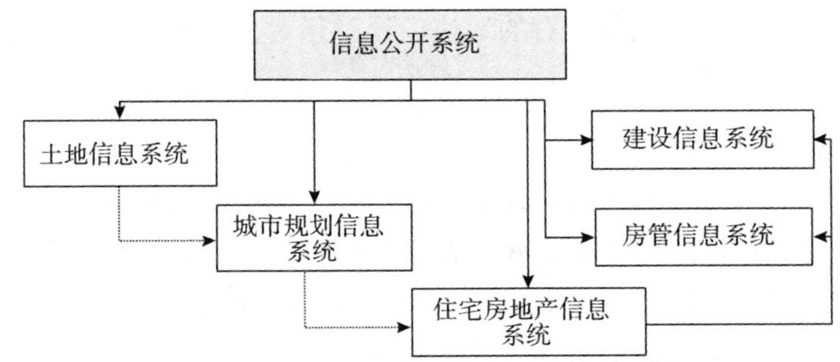

图 7.2　信息公开系统构成示意图

土地供应计划、土地供应量、土地招拍挂信息主要通过土地类信息系统公开，如通过济南市国土资源局网站、土地市场网进行信息公开。主要公开了土地供应总量，招拍挂项目地块的性质、规模，土地规划控制指标以及其他建设条件。

城市规划方面公开的信息主要包括：住房建设规划、项目建设用地规划、修建性详细规划、建设工程规划，信息公开方式是通过拆迁规划许可公示、建设项目批前公示、建设项目批后公示、规划方案公示、住房建设规划公示，实现信息公开的效果，信息公开平台是政府城市规划局网站。

住宅项目新建住房交易信息包括了市场总交易情况和各个项目情况，具体信息中，项目情况具体包括项目名称、楼盘名称、楼盘坐落、使用性质、高度类别、开发商、所在区域、土地级别、楼盘层数、装修标准、售楼处地址、售楼处电话、开盘时间、开盘均价信息，总销售状况包括批准销售套数/面积、已售套数/面积、可售套数/面积、预定套数/面积、已售均价信息，项目楼盘表中对住房状态如可售、预定还是已签约信息进行公开。住宅项目交易信息主要通过济南市建设委员会主办、建委信息中心承办的济南住宅与房地产信息网发布。

7.1.4 案例选择原因

根据济南市经济实力、房地产发展规模以及政府管理的状况，本文选择济南市城市住宅开发政府干预作为案例进行研究。

2007年，济南市国民生产总值在全国十五个副省级城市中排11位，城市居民人均可支配收入在全国排第7位。在全国房地产发展较快的城市中占有一席之地，是国家定期发布房地产市场信息的70个大中城市之一，也是最早开始进行房地产市场信息系统建设的40个重点城市之一。

济南市城市住宅开发存在的问题是市场经济条件下我国住宅开发状况的一个缩影，城市住宅开发政府干预比较全面，代表了相当一批城市住宅开发政府干预系统的状况，对研究我国市场经济条件下城市住宅开发的政府干预有一定的代表性。

7.2 济南市城市住宅开发政府干预案例分析

本小节对城市住宅开发政府干预系统构成及存在的问题进行分析，以便对济南市城市住宅开发政府干预提出改进建议。

7.2.1 济南市城市住宅开发政府干预系统构成

根据前述济南市城市住宅开发政府干预简介，其干预目标与干预措施构成了如下干预系统。如图7.3所示。

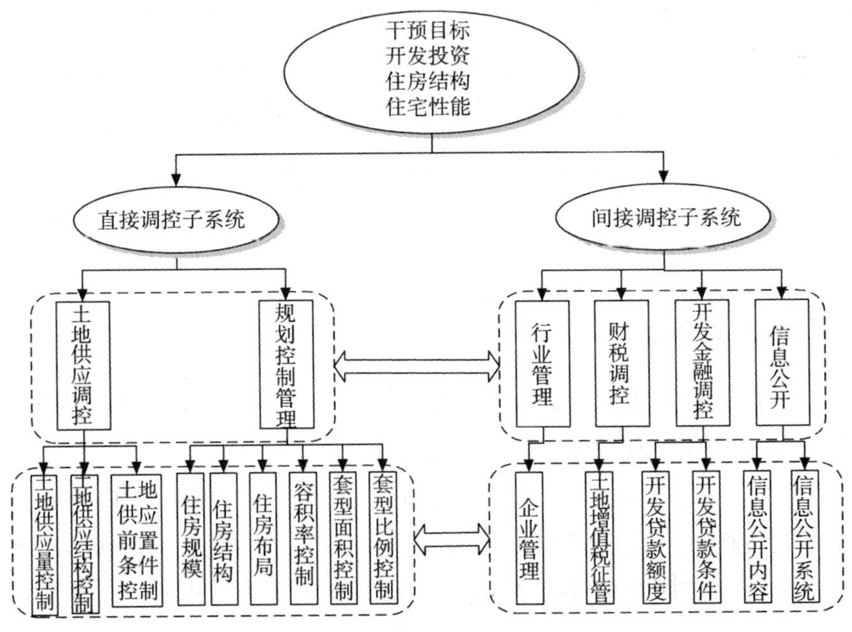

图 7.3　济南市城市住宅开发政府干预系统示意图

1. 城市住宅开发政府干预系统的目标

系统目标可以体现为三个方面要求：保持 20% 开发投资增幅，保证建设总量的 50% 为保障性住房，发展节能省地型住宅，实现节能 65% 的目标。

2. 城市住宅开发政府干预系统的子系统及措施要素

住宅开发政府干预系统由直接调控子系统与间接调控子系统构成，直接调控子系统又由土地供应调控系统与城市规划调控分系统构成，间接调控子系统由开发金融调控、财税调控、信息公开及行业管理分系统构成。

在构成直接调控子系统的措施中，土地供应调控措施主要包括控制土地供应量、控制土地供应前置条件，城市规划调控措施主要采取了制定住房建设规划、控制规划指标的措施。

在构成间接调控子系统的措施中，财税、金融调控按照国家的政策控制开发贷款规模、加强土地增值税的征管；行业管理方面主要是政府对开发企业的正常管理，行业协会职能比较弱，没有特别的措施；信息公开方面加强了信息公开工作，通过多个信息系统公开住宅开发相关的多种信息，整个信息公开系统由相对独立的土地信息、规划信息、建设信息、房管信息及住宅房地产信息公开系统构成，同时，完善了信息公开的内容，对土地供应总量、土地供应结构及土地出让信息、住房建设规划、城市规划信息，商品房交易等多方面信息内容进行公开。

3. 济南市城市住宅开发政府干预系统特点

济南市城市住宅开发政府干预系统包括直接调控子系统、间接调控子系统，具有第4章构建的城市住宅开发政府干预系统类似的结构、相似的功能，有相对完善的城市住宅开发的目标，采取了主要的干预措施，对城市住宅开发具有一定的调控作用。

但是，济南市城市住宅开发政府干预系统还不完善，在目标设置、措施完善及配套、系统协调方面存在一些问题，需要加以改善。

7.2.2 城市住宅开发政府干预系统存在的问题

济南市城市住宅开发住房管理系统存在问题，主要表现在缺乏专门的目标，控制指标不够全面，措施手段不丰富，措施子系统间缺乏协调，支持制度不够完善。

7.2.2.1 系统管理目标与控制指标方面存在的问题

1. 缺乏专门的目标，调控指标不健全

济南市缺乏专门的城市住宅开发政府干预目标，只是在城市住宅开发有关的计划和规划中提到了城市住宅开发政府干预的三个方面，基本构成了调控指标体系。比如开发管理目标涉及了房地产投资目标、住房结构目标、住宅性能目标，形成了由投资规模控制指标、住房建设总量指标、住房建设结构指标、住宅节能指标等基本控制指标体系。

但是，由于城市住宅开发政府干预涉及了房地产、建设、投资、价格、土地、城市规划、财税等多个政府部门，“政出多门”的结果就是没有制定专门的管理目标，控制指标不健全。虽然经济、环境、社会三方面的目标都有提及，但是住宅开发投资包含在房地产开发投资中，没有专门的住宅开发投资的目标。环境目标方面只有节能要求，而对节地、节水、节材及资源循环利用没有设定目标。社会目标方面只有住房结构的要求，而对房价调控目标没有提及。因此，所形成的调控指标体系不健全，缺乏住宅开发投资总量指标、节地、节水、节材、材料循环利用以及房价控制指标。

7.2.2.2　直接控制子系统方面存在的问题

直接调控子系统存在土地供应调控和城市规划调控等直接调控手段不全面、所采取的措施间存在一定的矛盾、相互间没有很好的配合，相应的调控活动在实施过程中公众参与程度低等问题。

1. 城市规划调控存在的问题

城市规划调控中，住房建设规划编制缺乏科学的需求预测基础，住房建设计划与投资计划协调性缺乏评价，住宅项目详细规划中的控制指标设置缺乏科学性、合理性。

住房建设规划的编制是在住宅需求预测的基础上进行的，济南市住房建设规划是根据人口与预测时人均住宅建筑面积的指标判断住房需求，先得到住宅建筑物建设规模的平方米数，此后再换算出住宅的套数。这种住宅需求预测方法没有以套数为指引预测出满足需要的住房套数，对于最终以套为单位提供的住宅开发来讲，预测方法不够科学。

同时，住房建设数量与住宅开发投资规模、环境的承载能力是否协调，在确定住房建设规划时没有进行评估，确定的住房建设计划是否做到经济、环境、社会三方面协调缺乏预先的控制。

指标控制方面，住宅项目详细规划中的控制指标设置不全面、缺乏科学性。济南市的住宅开发项目在详细规划中没有对国家要求的住宅建筑套密度（净）、住宅建筑面积净密度等指标提出要求，这可以从具体项目土地供应招拍挂要求的规划条件中该项指标缺失反映出来。同时，按照国家要求提出了项目套型比例要求，没有提出住宅建筑面积套密度指标，套型配置与市场机制缺乏协调、缺乏科学性。

2. 土地供应调控存在的问题

土地供应调控存在的问题主要表现在调控措施不全面、不完善，土地供应计划不科学，与城市规划调控措施没有很好地衔接。

土地供应调控措施不全面，表现在土地供应调控中考虑了供应总量和结构控制，单宗地块规模与住房土地布局没有专门的控制（如表3.2所示）。土地供应调控措施不完善，计划不科学，表现在住宅供应量计划性不强（如图3.4所示）；土地供应前置条件简单，没有提出全面的建设要求，如住宅建筑密度、住宅性能在前置条件中没有要求。因规划指标得不到落实，缺乏与城市规划指标控制的协调，规划控制的作用难以实现。

3. 公众参与程度不足

在城市住宅开发政府直接干预系统中，住房建设规划、住宅项目规划控制指标、土地供应计划的编制、决策，需要充分考虑公众的意愿，但这些方面公众参与程度不足，影响了决策的效果。主要表现在公众参与的范围不广泛，城市规划有一定的公众参与活动，但在土地供应决策、历史文化保护方面参与得更少。同时，城市规划公众参与程度不深至于知识了解、问题解答、规划公示等流于表面和形式的层次，缺乏深度的公众意见表达。

城市住宅开发政府干预直接调控子系统存在的问题，影响了直接调控作用的发挥，也难以与间接调控子系统共同发挥作用。

7.2.2.3 间接控制子系统方面存在的问题

间接控制子系统在税费征管、开发贷款发放、信息公开内容与系统、行业管理模式等方面存在问题，具体措施本身有不完善、不科学的地方，与直接调控子系统协调程度不足。

1. 税费征管及金融调控存在问题

税费征管存在的问题主要体现在土地增值税预征的方式、营业税的征收规定对房价的助推作用、不利于住宅品质的提高，影响了住宅开发可持续发展。

济南市按1%的税率对土地增值税进行预征，使土地增值税具有了类似营业税的特点，在某些地区当市场需求旺盛时，房地产市场作为卖方市场，税收的前转性强，开发商容易将增加的税款转嫁给消费者，造成房价上涨，对房价起到推高的作用。

而没有专门作为调控措施出现的营业税，按济南市现行的营业税计征办法，代当地政府及其职能部门收取的资金作为营业税征收中营业额的一部分，增加了营业税的税额，进而增加了房屋的成本，抬高了房屋的价格。同时，对提高住宅产业化水平的项目没有税收优惠措施，现行的征收办法提高了该类项目的开发成本，降低了企业的盈利空间，不利于住宅产业化的推行，不利于住宅开发使用过程中对能源、资源的节约，不符合住宅开发可持续发展的要求。

金融调控方面，与全国其他地方一样，房地产开发贷款的发放没有综合考虑住宅开发可持续发展，比如对有利于住宅性能提高、采用住宅产业化技术的项目缺乏政策支持。在房地产开发行业资金紧张的情况下，不利于住宅开发的可持续进行，也不利于行业的健康稳定发展。

2. 政府没有充分发挥行业协会作用

开发行业健康发展和开发企业规范运行是住宅开发可持续发展的必要条件。在济南市，政府对开发行业的管理没有充分发挥行业协会的作用，影响了开发市场秩序，阻碍了政府调控目标的实现。具体表现在，政府虽然加强了行业协会的职能，但其职能还是太简单，局限在行业培训、房产投诉、信用管理等方面，没有发挥出作为中间组织的协同优势、信息沟通优势及速度优势，不利于政府管理效率的提高。

3. 信息公开管理存在的问题

济南市信息公开管理存在的问题主要是没有构建统一的信息公开系统，信息内容不全面、信息公开不及时、不长久，增加信息搜寻成本，不能充分发挥信息公开消除市场信息不完备、不对称，引导投资、规范政府行为的作用。

住宅开发密切相关的信息包括了城市规划、土地供应、建设、财税、金融、企业等多方面的信息，但在当今互联网时代，调控城市住宅开发的信息公开系统却缺乏集中、统一的信息公开平台，信息分散在多个系统中，相互间缺乏互联互通，存在信息孤岛现象。除了建设信息系统与房管信息系统与住宅房地产信息系统有机连在一起，土地信息系统、城市规划信息系统与住宅房地产信息系统、建设信息系统、房管信息系统没有任何关联。政府掌握了相关的信息，现有的信息公开状况却不能降低信息搜寻成本，难以充分发挥作用。

信息公开管理中还存在信息内容不全面的问题，主要表现在住宅项目产品信息不完善上，以及住宅项目政府控制指标改变的信息。比如住宅的性能、住宅的品质等信息。

信息公开还存在公开时间的不及时、不长久。很多信息项目没有输入有效数据，信息没有及时公开。另外，很多信息只在一段时间公开，不能长期保存，对房地产这种不动产、长期存在且状态不断变化的资产，在信息技术高度发达的今天，这样的状况不利于信息公开作用的发挥。

针对济南市城市住宅开发政府干预系统存在的问题，应对系统加以改进，以促进城市住宅开发可持续发展。

7.3　济南市城市住宅开发政府干预管理建议

根据城市住宅开发政府干预系统模型，针对济南市城市住宅开发住房管理状况，应完善政府干预调控指标，明确住宅开发政府干预目标，改进政府直接调控子系统与间接调控子系统，构筑更加有效的住宅开发政府干预系统（如图7.4所示）。

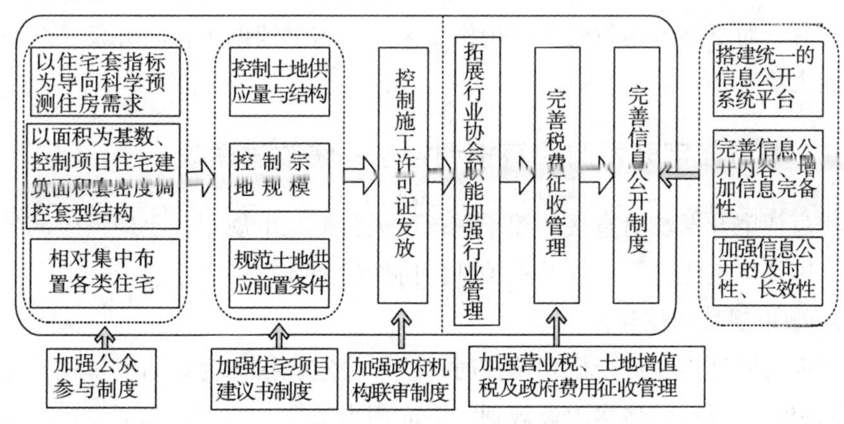

图7.4　城市住宅开发政府干预措施示意图

7.3.1　完善政府干预调控指标，明确城市住宅开发政府干预目标

根据前文第4章提出的城市住宅开发政府干预总目标与构建的调控指标体系，针对济南市城市住宅开发政府干预存在的调控指标不健全、管理目标不明确的问题，政府应完善政府干预调控指标，明确管理目标。

济南市城市住宅开发政府干预调控指标的完善，应在现有的基础上增加调控指标，形成全面、系统的调控指标体系，具体要在已确定的房地产开发投资规模、住房结构、住宅节能指标基础上，增加住宅开发投资规模这种经济类指标、节地、节水、节材、资源循环利用等环境类指标以及房价这种社会性指标，通过指标调控促进城市住宅开发经济、环境、社会全面可持续发展。

针对济南市住宅开发的状况，明确济南市城市住宅开发政府干预目标、对住宅开发进行科学管理。根据济南市历年住宅开发投资趋势（如图 7.1 所示），住宅开发投资有起有伏，当前住宅开发投资比较平稳，目标应是继续保持住宅开发投资的稳定增长。济南市住宅档次、品质不断提高，但是整体性能水平还是不高，虽然有极个别项目宣传是不要空调、暖气的科技住宅，但数量太少，另外国家大力推广的精装房、成品房在济南也非常少见。总的来讲，住宅产业化技术落后，因此从住宅开发环境可持续发展的角度，政府干预目标应是明确住宅性能标准、不断提高住宅性能。对于济南市近年来保障性住房投资建设不足、住房结构不合理的现象，目标应是采取各种措施保证合理的住房结构。同时，对于高位运行的住房价格，采取措施继续调控住宅开发，防止房价的大起大落。

7.3.2 城市住宅开发政府直接调控子系统改进建议

城市住宅开发政府直接调控子系统改进包括城市规划、土地供应调控措施改进，以及住宅建设管理以及相关部门协作的加强。

1. 城市规划调控建议

城市规划部门在进行规划调控时，应以住宅套指标为导向科学预测住房需求、制定科学可行的住房建设规划，以面积为基数、通过控制项目住宅建筑面积套密度来控制套型结构、调控住房结构，通过相对集中布置各类住宅、保证合理的住房布局，通过加强公众参与制度建设保证住房建设规划、规划控制指标的合理性、科学性，实现管理目标。

2. 土地供应调控建议

土地供应调控应在土地供应量、结构、宗地规模、前置条件方面加强管理。根据济南市土地局内部资料，2003～2006 年住宅用地供地面积总量达到了 2853.66 公顷，土地供应总量很大，这也是造成济南目前几宗土地流标的原因之一。同时，针对宗地规模缺乏控制、土地供应前置条件不全面，与城市规划调控不衔接的问题，济南市在土地供应方面应控制土地供应总量、调整土地供应结构、控制地块规模，加强住宅项目建议书制度、完善土地供应前置条件。

3. 建设管理建议

从有利于控制住宅开发投资规模的角度，配合城市规划、土地供应调控措施，有弹性的控制施工许可发放数量、对施工总量进行调控，达到调控投资规模的目标。从保证综合目标实现的原则出发，建立政府机构联审制度，保证有关的规划、土地、建设的多种控制要求的落实情况。

4. 加强政府相关部门的协作

城市住宅开发政府直接调控子系统的各种手段主要由城市政府来实施，涉及多个政府部门，需要按照一定的流程、政府相关部门密切协作才能达到预期效果。如图7.5所示。

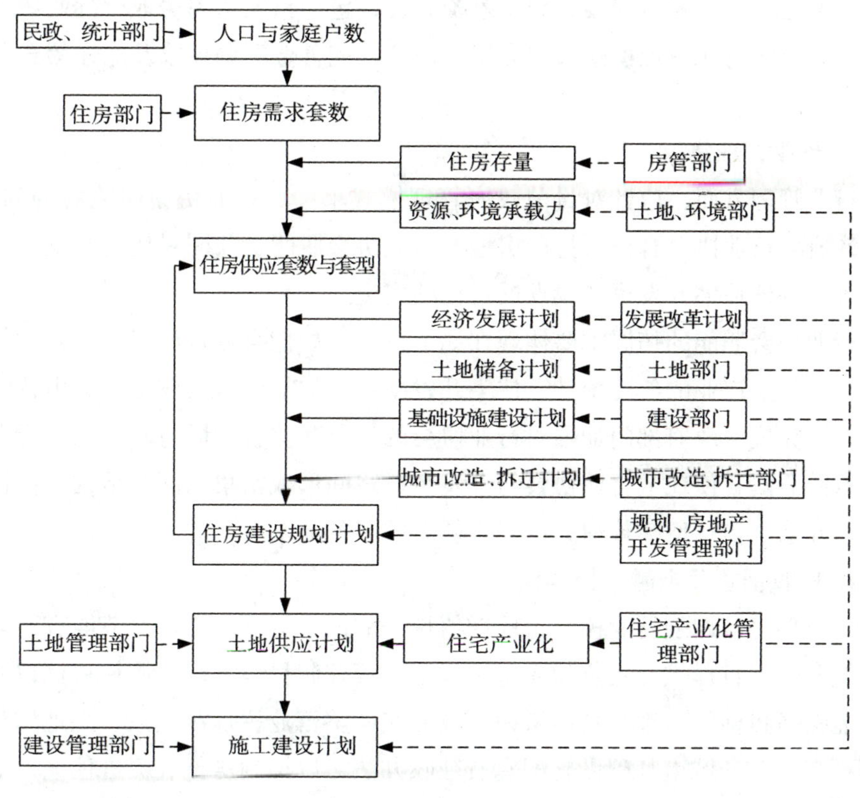

图7.5　计划制定与部门协作示意图

具体流程为：由民政、统计部门确定人口与家庭户数，在此基础上住房部门结合住房政策确定住房需求套数；考虑住房存量及环境承载力，初步确定住房供应套数与套型；随后根据与住宅投资计划、土地储备计划、拆迁计划以及城市基础设施建设简化的协调程度，对住房供应情况进行调整；在各方面协调一致基础上，编制住房建设规划；并进一步确定土地出让计划；综合平衡上述各项规划、计划的关系；，最终确定住房施工计划。在这个过程中，住房、规划、土地、发展改革、住宅产业化管理部门等要加强协作，保证计划、规划编制的科学性、可操作性。

7.3.3 城市住宅开发政府间接调控子系统改进建议

城市住宅开发政府间接调控子系统完善，包括拓展住宅房地产行业协会职能、改革政府行业管理模式，加强税收征管、完善金融调控以及加强信息公开制度建设。

1. 行业管理建议

行业管理方面，应针对目前政府管理模式单一、行业协会职能弱的问题，加强政府与行业协会合作、拓展房地产行业协会职能，共同对住宅开发行业进行治理，保证住宅开发可持续发展目标的实现。

行业协会职能的拓展主要体现在如下方面：如把企业资质年检、开发规模的研究、住宅产业的年度统计、住宅开发新技术的推广等具体工作交由住宅行业协会来完成，政府部门加强对行业协会的指导和监督；同时政府赋予行业协会应有的职责，使住宅行业协会与开发企业之间形成密集的网络结构，使协会与企业互动、信息便捷传递，以提高协会的服务效率。

2. 税收征管及金融调控建议

财税部门应加强营业税、土地增值税等的征收管理工作，对节能省地环保型住宅开发项目提供开发贷款支持，保证投资控制目标、房价调控目标以及住宅性能提高目标的实现。具体来说，政府应调整营业税计算基数、土地增值税预征税率、改变城市基础设施配套费征收办法，以抑制房价、促进住宅产业化发展。

金融部门在进行金融调控时，应提高节能环保省地型住宅开发项目开发贷款支持力度，增加贷款额度、放宽贷款条件，与住房规划、土地供应配合，促进住宅性能提高。

3. 信息公开管理建议

针对济南市当前住宅开发及政府管理信息公开的状况，应加强信息公开制度建设，由房地产开发管理部门负责，搭建统一的、专门的住宅开发及政府管理信息公开系统、完善公开信息内容、规范信息公开的时间与保留期限。

可以在济南市住宅房地产信息系统基础上，把土地信息系统、城市规划信息系统、建设信息系统、房管信息系统等真正联结起来，搭建专门的、统一的三维立体住宅信息集成公开系统，以消除信息孤岛的现象、降低信息搜寻的成本。完善信息公开的内容：针对住宅不动产的特点，保留每宗土地住宅的有关信息，随住宅项目进展、住宅状态变化，及时公开住宅各方面信息内容，特别是住宅质量、住宅品质的信息。规范信息公开的时间、保留的期限，及时对信息进行公开、长期保留各环节的住宅项目信息，提高信息的效率和作用。最终实现引导市场、规范政府管理行为，实现住宅可持续发展的目标。

通过对城市住宅开发政府各方面管理的改进，实现城市住宅开发可持续发展的最终目标。

7.4　小结

本章以济南市为例对城市住宅开发政府干预系统进行了研究，分析了济南市城市住宅开发政府干预系统构成、特点及存在的问题，并对济南市城市住宅开发政府干预改进提出了建议。

第 8 章　结论

城市住宅开发必须走可持续发展的道路，本文通过对城市住宅开发政府干预现状与问题的分析，提出了城市住宅开发政府干预的总体目标、总体模型，并对现有城市住宅开发政府直接调控子系统、间接调控子系统进行了改进。

8.1　主要结论

（1）城市住宅开发政府干预系统的问题可归因于三个层次：一是总体上缺乏统一的目标指引；二是直接控制子系统和间接控制子系统的不完善；三是各种手段本身存在着缺陷。直接控制子系统的问题为：措施功能不完善；手段之间不协调；公众参与程度低。间接控制子系统的问题为：手段之间不协调；与直接控制手段配合不紧密。

（2）确立了城市住宅开发政府干预的总体目标、指导原则和实施思路。总体目标是：稳步加大开发结构与布局合理、房价稳定、符合循环经济特点的可持续型住宅。指导原则是：公众利益为先、行业发展与经济健康运行相协调、优先发展住宅产业化技术、与市场经济发展规律相协调。实施思路是：规范关键阶段—项目确立阶段的政府干预、综合运用多种政府干预手段、提高手段本身的科学性、充分发挥微观管制手段的作用。

（3）完善城市住宅开发政府直接调控子系统的改进建议：科学预测住房需求、采取有效的干预手段、完善制度建设。住房需求预测应以住宅套指标为导向；以建筑面积为基数进行套型控制的干预手段；相对集中布置配建住房；规范土地供应前置条件；通过施工许可调控投资规模。制度方面应加强公众参与、政府机构联审以及住宅项目建设意见书制度。

(4) 完善城市住宅开发政府间接调控子系统的改进建议：拓展住宅行业协会的职能，协助政府进行行业管理，以提高管理的效率；改进土地增值税、营业税等的征收管理实现控制房价、促进住宅产业化的作用；搭建统一的信息公开平台，逐步实现对住宅开发信息的全面公开。

(5) 分析了济南市城市住宅开发的政府干预。随着我国房地产市场发展，济南市逐步形成了城市住宅开发政府干预的系统、规范着城市住宅的开发。但存在着控制指标不健全、调控措施不科学、子系统不协调等问题，需要健全调控指标、改善直接调控子系统与间接调控子系统以完善政府干预。

8.2 主要创新点

(1) 构建了城市住宅开发政府干预系统总体模型。明确了城市住宅开发直接调控子系统的主导功能，间接调控子系统的辅助功能，以及两者之间的协调，使政府干预的各种手段形成了一个完善的、相互关联的系统。

(2) 提出了城市住宅开发政府直接控制子系统的制度保证。由于直接控制子系统的效果较为直接，对住宅开发产业的影响较大，必须从制度上保证其科学性。以公众参与制度保证政策的公平性；以项目建设意见书制度促进住宅产业化、提高住宅的经济性能；以部门联审制度保证各种调控手段的协调。

(3) 提出了构建城市住宅开发信息公开系统的建议。通过专门信息公开系统的构建，降低信息搜寻成本、改善市场信息不完备、不对称状况，引导投资、规范市场秩序、规范政府干预行为。

8.3 本文的不足

由于城市住宅开发政府干预是一个非常复杂的系统，许多问题的产生都与现有的管理体制有关。但城市住宅开发体制改革是一个长期的、复杂艰难的过程。因此，本文的研究是在遵从当前的管理体制框架下进行的，研究内容没有涉及体制改革方面的问题。

另外，房地产市场涉及的供给与需求两方面是相互作用的，本文研究的城市住宅开发体现的是住宅供给，对城市住宅开发政府干预的研究没有考虑与住宅需求干预的相互影响、相互作用。

附录　房地产开发政府干预调查问卷

本问卷的目的是调研对政府调控房地产特别是住宅类房地产开发供应情况的认识和分析。问卷调查对象是相关部门的政府工作人员、相关的房地产开发企业管理人员及相关的房地产专业研究人员。

您作为一名管理者、专家所具有的经验和知识对本问卷调查的成功非常必要和重要，麻烦您在百忙之中抽出宝贵时间协助完成本问卷，并在此深表感谢。

（注：请在选择后面打√，或列出的可选项符号）

1. 您是否听说、知道或熟悉政府对房地产的干预、宏观调控、管理，尤其是政府对住宅类房地产开发建设或住宅供应的方面？

A. 不了解　　B. 听说过但不太了解

B. 有一定的了解　　D. 很了解

2. 您认为政府是否应该干预住宅的开发建设？

A. 应该　　B. 不应该

C. 有的方面应该、有的方面不应该　　D. 说不清

3. 您认为当前与城市住宅开发相关的哪些方面需要政府进行干预和管理？

A. 住宅开发投资总规模　　B. 经济适用房供应量

C. 限价房供应量　　D. 房价

E. 保障性住房选址　　F. 住宅开发建设过程中资源、能源的节约利用

G. 生态环境保护　　H. 人文历史环境保护

4. 你对城市住宅开发政府干预满意的程度？

A. 满意　　B. 比较满意　　C. 不满意

5. 您认为政府或开发企业谁是影响房地产开发可持续发展的主要因素？

重要程度（1最小，5最大）	1	2	3	4	5
（1）中央政府					
（2）省级地方政府					
（3）城市地方政府					
（4）开发企业					

6. 城市住宅开发政府干预效果不佳的原因之一是政府没有进行系统管理，你同意这个观点吗？

A. 同意　　B. 基本同意　　C. 不同意

7. 您认为哪些城市地方政府干预活动存在问题影响了房地产开发可持续发展？

影响程度（1最小，5最大）	1	2	3	4	5
（1）前期意见书办理					
（2）土地供应数量					
（3）土地供应方式					
（4）土地宗地规模					
（5）土地供应前置条件					
（6）投资立项					
（7）城市规划					
（8）建设施工许可					
（9）销售许可					
（10）竣工验收					
（11）税费征收					
（12）信息公开					

8.（1）您认为控制住宅开发投资总规模选择哪些手段措施比较有效？

（2）您认为保证保障性住房供应选择哪些手段措施比较有效？

（3）您认为控制房价选择哪些手段措施比较有效？

（4）您认为提高住宅节能省地减排水平选择哪些手段措施比较有效？

可选择的手段措施：

（1）前期意见书由政府相关部门办理；（2）调控土地供应总量；

（3）增加保障性住房土地供应数量；　（4）控制土地供应方式；

(5) 控制土地宗地规模; (6) 控制土地供应前置条件;
(7) 控制投资立项数量; (8) 控制城市规划指标;
(9) 控制建设用地规划许可发放数量; (10) 控制建设工程许可发放数量;
(11) 控制建设施工许可发放数量; (12) 配建制;
(13) 加强税费征管; (14) 完善信息公开;

9. 您认为是否有必要加强有关房地产开发政府干预的公众参与?

A. 有必要 B. 没必要 C. 不清楚

10. 您认为当前有关房地产开发政府干预公众参与的程度如何?

A. 很广泛 B. 一般 C. 很少 D. 没参与

11. 您认为公众应在有关房地产开发政府干预哪些方面进行参与?

A. 保障住房布局 B. 保障住房建设数量 C. 住宅规划控制指标
D. 拆迁决策 E. 土地供应量 F. 土地供应结构
G. 生态环境与人文历史环境保护方面

12. 您认为当前政府对开发企业及行业从业人员的管理情况如何?

A. 比较适度 B. 过多 C. 过少 D. 说不上来

13. 您认为当前房地产开发行业协会在行业管理方面作用如何?

A. 大 B. 比较大 C. 不大 D. 很小 E. 不清楚

14. 您认为促进房地产开发行业的发展当前应该加强哪方的作用?

A. 政府 B. 行业协会 C. 政府与行业协会共同治理

问卷调查情况说明

1. 调查目的与问卷设计发放

由于城市住宅开发政府干预问题的研究难以用数量模型与数据进行说明,为此,本文通过问卷调查获取论文研究需要的部分客观依据。

问卷调查的对象是山东省的主要城市如济南、青岛等城市,调查机构为房地产管理部门、房地产开发企业与房地产咨询机构,调查内容如附录调查问卷所示。收回问卷 114 份,有效问卷 102 份。通过对收集的有效问卷的统计,整理出各项调查统计数据如附表所示。

2. 调查结论

根据调查统计数据，可得出如下结论，相应的结论在正文的有关章节得到了应用。

（1）政府对城市住宅开发进行干预管理是必要的、政府干预满意度不高、缺乏系统管理是政府干预效果不佳的主要原因。调查显示，93% 的人认为城市住宅开发应该或者某些方面政府应该进行干预，只有 15% 的人满意城市住宅开发的政府干预，72% 的调查者认同城市住宅开发政府干预效果不佳的主要原因之一是政府没有进行系统管理。

（2）政府应在住房保障与住宅性能提高方面加强政府干预。在关于城市住宅开发政府干预内容的调查中，选择经济适用房供应量的为 83%、限价房供应量的 65%、布局的 57%、反应住宅性能方面的资源能源节约利用指标的 68%，即住宅开发公平性、资源节约类的选项排在前列，此后依次为生态环境、人文历史环境的保护选项，选择率都超过 50%。

（3）城市地方政府是影响房地产开发可持续发展最主要的主体因素。统计数据显示：在影响房地产开发可持续发展最大的因素调查中，72% 选择城市地方政府、68% 选择中央政府、64% 选择省级地方政府、48% 选择是开发企业，说明出台政策的中央政府、具体实施的地方政府，是影响房地产开发可持续发展的重要因素，而不是社会中口诛笔伐的开发企业。

（4）城市地方政府直接实施的城市规划、土地供应活动方面存在的问题对房地产开发可持续发展影响最大。统计数据显示：在关于影响房地产开发可持续发展最大、大的的政府干预活动因素调查中，城市规划、土地供应数量、土地供应方式、土地供应前置条件以 79%、78%、74%、67% 等超过 50% 的选择率排在前列，税费征管、信息公开以 47%、46% 等接近 50% 的选择率排在其后，说明城市规划、土地供应调控措施是影响房地产开发建设的主要管理活动，他们存在的问题对房地产开发影响最大。

（5）实现调控目标应综合运用多种手段。统计数据说明：调查者按顺序主要选择了调控土地供应总量、城市规划控制、控制土地供应方式、控制投资立项数量、控制建设施工许可发放数量、控制土地宗地规模，作为有效调控住宅开发投资的手段措施；依次选择了增加保障性住房土地供应数量、配建制、控制土地供应方式、控制土地供应前置条件等措施，作为保证保障性住房供应、形成合理住房结构的有效手段措施；依次选择了调控土地供应总量、增加保障性住房土地供应数量、完善信息公开、加强税费征管以及控制土地供应前置条件等措施，作为有效控制房价的手段措施；依次选择了控制城市规划指标、控制土地供应前置条件、前期意见书由政府相关部门办理、配建制、加强税费征管、控制土地供应方式等措施，作为提高住宅节能省地减排水平的有效措施。所有的目标的实现都需要采取多种手段措施。

（6）城市住宅开发政府干预应加强公众参与、并应在多方面加强公众参与。调查统计数据显示：86%的调查者认为有必要加强房地产开发政府干预的公众参与；59%的调查者认为房地产开发政府干预很少或没有公众参与；调查者认为主要应在保障住房建设数量、布局、拆迁决策、土地供应结构、住宅规划控制指标确定等方面加强公众参与。

（7）政府应加强与行业协会合作共同对住宅开发行业进行治理。统计数据显示：53%的调查者认为政府对开发企业与从业人员管理比较适度，但60%调查者认为开发行业协会在行业管理方面作用不大，60%调查者认为应加强政府与行业协会的共同治理。

附表 问卷调查统计数据

问题编号	选择项	统计数据	选择项	统计数据	选择项	统计数据	选择项	统计数据	选择项	统计数据
1	A	2%	B	16%	C	57%	D	25%		
2	A	33%	B	6%	C	60%	D	1%		
3	A	35%	B	83%	C	65%	D	31%	E	57%
	F	68%	G	59%	H	52%				
4	A	15%	B	8%	C	85%				
5（1）	1	12%	2	9%	3	11%	4	12%	5	56%
5（2）	1	5%	2	11%	3	20%	4	41%	5	23%
5（3）	1	2%	2	8%	3	18%	4	20%	5	52%
5（4）	1	14%	2	14%	3	24%	4	30%	5	18%
6	A	72%	B	9%%	C	19%				
7（1）	1	17%	2	9%	3	16%	4	12%	5	46%
7（2）	1	7%	2	4%	3	12%	4	24%	5	53%

续表

问题编号	选择项	统计数据	选择项	统计数据	选择项	统计数据	选择项	统计数据	选择项	统计数据
7（3）	1	7%	2	4%	3	15%	4	24%	5	50%
7（4）	1	15%	2	17%	3	22%	4	25%	5	21%
7（5）	1	12%	2	8%	3	13%	4	27%	5	40%
7（6）	1	23%	2	10%	3	25%	4	27%	5	15%
7（7）	1	6%	2	7%	3	8%	4	16%	5	63%
7（8）	1	33%	2	10%	3	16%	4	15%	5	25%
7（9）	1	23%	2	19%	3	12%	4	19%	5	27%
7（10）	1	21%	2	10%	3	13%	4	17%	5	39%
7（11）	1	23%	2	4%	3	26%	4	15%	5	32%
7（12）	1	29%	2	4%	3	19%	4	24%	5	22%
8（1）	（1）	12%	（2）	67%	（3）	9%	（4）	43%	（5）	23%
	（6）	24%	（7）	40%	（8）	50%	（9）	36%	（10）	13%
	（11）	14%	（12）	13%	（13）	13%	（14）	4%		
8（2）	（1）	16%	（2）	13%	（3）	90%	（4）	20%	（5）	7%
	（6）	19%	（7）	1%	（8）	6%	（9）	1%	（10）	1%
	（11）	1%	（12）	33%	（13）	8%	（14）	1%		
8（3）	（1）	8%	（2）	51%	（3）	50%	（4）	15%	（5）	8%
	（6）	25%	（7）	10%	（8）	15%	（9）	7%	（10）	6%
	（11）	6%	（12）	9%	（13）	37%	（14）	48%		
8（4）	（1）	33%	（2）	4%	（3）	0%	（4）	18%	（5）	11%
	（6）	51%	（7）	17%	（8）	51%	（9）	7%	（10）	6%
	（11）	6%	（12）	24%	（13）	14%	（14）	18%		
9	A	86%	B	7%	C	7%				
10	A	1%	B	39%	C	56%	D	4%		
11	A	55%	B	62%	C	23%	D	47%	E	19%
	F	29%	G	18%						
12	A	53%	B	13%	C	27%	D	7%		
13	A	7%	B	13%	C	60%	D	13%	E	7%
14	A	37%	B	3%	C	60%	D	0%		

参考文献

[1] [美] 詹姆斯. 布坎南. 自由、市场和国家. 北京：北京经济学院出版社，1988

[2] Park B. G.. Where do Tigers Sleep at Night? The State' s Role in Housing Policy in South Korea and Singapore. Economic Geography, 1998, 74 (3): 272 – 288

[3] Ball M. Improving Housing Markets. RICS Leading Edge Series, 2003

[4] Berry, James, Mc Greal, Stanley; Stevenson, Simon; Young, James . Government Intervention and Impact on the Housing Market in Greater Dublin. Housing Studies, 2001, 16 (6), 755 – 769, 15

[5] Burns L, Grebler L, The Housing of Nations: Analysis and Policy in a Comparative Framework. Macmillan, 1977

[6] C. J. Mayer. Christopher . J. Mayer, C. Tsuriel. Somerivlle, Land use regulation and new construction, Regional Science and Urban Economics , 2000, 30: 639 – 662

[7] C. T. Somerville. The Industrial Organization of Housing Supply: Market Activity, Land Supply and the Size of Homebuilders Firms. Real Estate Economics, 1999, (27): 669 – 694

[8] Candace Jones, A General Theory of Network Governance : Exchange Conditions and Social Mechanisms, The Academy of Management Review, 1997, 22 (4): 911 – 945

[9] Cheshire. P. Sheppard. British planning policy and access to housing. Urban Studies. 1989, (26): 469 – 485

[10] Christopher Berry. Land Use Regulation and Residential Segregation: Does Zoning Matter? American Law and Economics Review. 2001, 3: 251 – 274

[11] Clapham, D, Housing and the Economy: Broadening Comparative Housing Research. Urban Study, 1996, 33 (4 – 5): 631 – 647

[12] Coarse R H. The Problem of Social Cost, Journal of Law and Economics, 1960, 3: 1 – 44

[13] Eddie Chi – man Hui . Planning and development control through lease conditions. Habitat International, 2001, 25 (4): 599 – 615

[14] Fischel . Do Growth Controls Matter? A Review of the Empirical Evidence on the Effectiveness

and Efficiency of Local Government Land Use Regulation. Lincoln Institute of Land Policy, Cambridge, MA. 1990

[15] G. Keogh, D' Arcy E. Property marker efficiency: An institutional economics perspective. Urban Studies. 1999, 36 (13): 2401 -2414

[16] Green, R. K. Land Use Regulation and the Price of Housing in a Suburban Wiscons in C ounty. Journal of Housing Economics, 1999, 8: 144 -590

[17] Grether, Mieszkowski. The effects of land use on the prices of adjacent housing. Journal of Urban Economics, 1980, 6

[18] Grigsby . Re - thinking Housing and Community Development Policy. U. Pennsylvania Press, 1977. P. 14

[19] Gruis, Vincent; Nieboer , Nico . Government Regulation and Market Orientation in the Management of Social Housing Assets: Limitations and Opportunities for European and Australian Landlords. European Journal of Housing Policy, 2007, 7 (1): 45 -62

[20] Harsman B Quigley J. Housing Markets and Housing Institutions in a Comparative Context. In Harsman and Quigley (eds), Housing Markets and Housing Institutions: An International Comparison. Kluwer, 1991

[21] Hills. J, Hubert, H. Tomann et al. Shifting substitution for bricks and morta to people. Housing Studies, 1990 (5): 147 -167

[22] Hollingsworth, J. R and Lindberg, leon. The Role of Market, Clan, Hierarchies, and Associative Behavior in Private Interest Government. Beyond Market and State, Sage Publications Ltd. 1985: 221 -54

[23] JunJie Wu, and Seong - Hoon Cho. The effect of local land use regulations on urban development in the Western United States . Regional Science and Urban Economics, 2007, 37 (1): 69 -86

[24] Katz, Rosen. The Interjurisdictional Effects of Growth Controls on Housing Prices. Journal of Law and Economics, 1987, 30 (1): 149 -160

[25] Keith R. Ihlanfeldt and Timothy M. Shaughnessy . An empirical investigation of the effects of impact fees on housing and land markets. Regional Science and Urban Economics, 2004, 34 (6): 639 -661

[26] Lundquist, L. , Dislodging the Welfare State? Delft University Press, 1992

[27] Malpezzi Stephen. Housing Price, Externalities, and Regulation in U. S. Metropolitan Areas. Journal of Housing Research, 1996, 7: 209 -237

[28] Mark. J. H and M. A. Goldberg . A study of impacts of zoning on housing values over time. Journal of Urban Economics, 1986, 20: 257 - 273

[29] Mayo and Sheppard' s . Housing supply under rapid economic growth and varying regulatory stringency: an international comparison. Journal of Housing Economics , 1996, 5 (3), 274 - 289

[30] McFarlane' s. Taxes, fees, and urban development. Journal of Urban Economics , 1997, 46 (3), 416 - 436

[31] Mirrlees, J. A, The optimum town. Swedish Journal of Economics, 1972, 74: 114 - 135

[32] Mostafa Morsi El Araby . The role of the state in managing urban land supply and prices in Egypt . Habit International, 2003, 27 (3): 429 - 458

[33] Oliver E. Williamson, Comparative Economic Organization: The Analysis of Discrete Structural Alternatives, Administrative Science Quarterly, 1991, 36 (2): 269 - 296

[34] P. 切克兰德. 系统论的思想与实践. 北京：华夏出版社，1990

[35] PL. World Bank (1992): Governance Development . p. 1 The Report of Commission On Global Governance , Our Global Neighborhood

[36] Quigley, J. , Why Should the Government Play a Role in Housing? Housing , Theory & Society, 1999, 16 (4): 201 - 203

[37] Rikard Larsson, The Handshake Between Invisible Hands and Visible Hands, Int. Studies of Mgt. &Org. 1993, 23 (1): 103

[38] Salamon , Laster M. The Emerging Sector. U. S. A. : The Johns Hopkins University Maryland, 1994

[39] T. Ch. Lin 和 A. W. Evans. The Relationship between the Price of Land and Size of Plot When Plots are small. Land Economics, 2000, 8 (76): 386 - 394

[40] Tan Lee and Jyh - Bang Jou . The regulation of optimal development density. Journal of Housing, 2007, 16 (1): 21 - 36

[41] Thorson' s . The effect of zoning on house construction. Journal of Housing Economics, 1997, 6 (1): 81 - 91

[42] Turner, B. , and Malpezzi, S. , A Review of Empirical Evidence on the Costs and Benefits of Rent Contro1. Swedish Economic Policy Review, 2003, 10: 11 - 56

[43] Wheaton, William C , Tiebout Mobility . Land Capitalization and the Role of Zoning Regulations. Journal of Urban Economics, 1993, 342

[44] Whitehead C. M. E. Privatising housing : an assessment of UK experience, Housing Policy

Debate，1993，4：101－139

[45] 保罗·萨缪尔森，威廉·诺德豪斯．微观经济学：第16版．北京：华夏出版社，1999

[46] 曹剑光．影响我国现阶段政策效应因素实证分析－以现行房地产调控政策为例．中共福建省委党校学报，2007（3）：86－90

[47] 曹振良．房地产经济学通论．北京：北京大学出版社，2003

[48] 查尔斯．H．温茨巴奇，迈克．E．迈尔斯，苏珊娜．埃思里奇．坎农．现代不动产．北京：中国人民大学出版社，2001

[49] 车江洪．房地产市场体制建设：[博士学位论文]．南京：南京农业大学，1994

[50] 陈东琪．新政府干预论．北京：首都经济贸易大学出版社，2000

[51] 陈柳钦．房地产宏观调控回顾及2008年展望．改革与开放，2008（2）：6－8

[52] 陈学会．房地产业要素供给规制问题探析．经济问题，2004（9）：20－22

[53] 从静，梅琳．英国公共住宅政策对我国住房改革的启示．科技创业月刊，2005，Vol.18（3）：70－71

[54] 邓伟，宋扬．住宅经济学．北京：清华大学出版社．2008

[55] 丁健，印堃华．城市房地产开发和房地产市场规范化研究．财经研究，1998（3）：3－8，35

[56] 丁声俊．国外行业协会的发展模式．粮食科技与经济，2003（1）：52－53

[57] 董藩，王庆春．房地产开发调控的几个基本理论问题（上篇）．城市开发，2003（11），39－42

[58] 董藩，王庆春．房地产开发调控的几个基本理论问题（下篇）．城市开发，2003（12），42－45

[59] 方梅，王剑秋，宋生华等．房地产市场过热与政府失灵．中国房地产，2006（1）：13－16

[60] 方惜．城市住宅开发中的城市政府微观管制研究．厦门：厦门大学硕士论文，2006.6

[61] 方益波．杭州：股市风险促楼市回暖重现排队购房景象．经济参考报，2007.7.5

[62] 冯建农．应强化政府对住宅工程质量的监管作用．开发与建设，2004，（9）：34－35.

[63] 管海波，黄敬前．项目生命周期对于项目管理的重要性．引进与咨询，2004（11）：45－47

[64] 郭洁，论十地价格法律规制的若干问题团．法商研究，2005，（2）：53－60

[65] 海峰．管理集成论．北京：经济管理出版社，2003

[66] 寒江雪．打开中国房地产业历史长卷．2001（22）：22－24

[67] 韩万渠. 我国房地产宏观调控政策工具研究：[硕士论文]. 天津大学，2006

[68] 韩万渠，姜福. 中国古代赋税制度变革浅析. 内蒙古农业大学学报：社会科学版，2006（3）：62－64

[69] 何国钊，曹振良. 中国房地产周期研究. 经济研究，1996（12）：51－56，77

[70] 何应文. 国外行业协会的培育和运行机制. 广西电业，2005（12）：44－46

[71] 贺伯锋. 城市房地产开发宏观规范化管理研究：［硕士论文］. 广州：暨南大学，1998

[72] 胡梅娟，储国强，黄庭钧. 城市"富人区"人为制造炫富噪音，如何走向和谐？网址：http：//news. sohu. com/20061206/n246840972. shtml. 2006. 12. 6

[73] 华震宇. 浅论新公共管理理论. 现代商业：理论研究，2007（4）：25

[74] 黄凌翔，陈学会. 土地政策作为宏观调控手段的理论和实践探讨. 经济问题，2005（2）

[75] 黄贤金，王静等. 区域土地用途管制的不同方式. 南京大学学报（自然科学），2003，（5）：411－422

[76] 黄晓忠. 探求住宅小区规划设计之路. 福建建筑，2002（B10）：21－23

[77] 黄燕，贾俊丽. 我国房地产行业协会的功能及房地产行业协会发展建议. 中国住宅设施，2003（6）：5－6

[78] 贾兰. 发展房地产金融对于国民经济发展的意义. 中国建设信息，2005（3）：30－31

[79] 金太军. 市场失灵、政府失灵与政府干预. 中共福建省委党校学报，2002（5）

[80] 蓝志勇，陈国权. 当代西方公共管理前沿理论述评. 公共管理学报，2007，4（3）

[81] 李朝晖. 当前改革的关键问题. 战略与管理，2002（1）：110－111

[82] 李国纲. 管理系统过程. 北京：中国人民大学出版社，1993

[83] 李虎春. 城市规划与房地产开发的协调发展. 云南民族学院学报，2002，19（6）：64－66

[84] 李加林. 关于我国城市房价政府控制措施的探讨. 中国房地产估价师，2005（2）：29－31

[85] 李明扬，孙翔. 城市土地利用控制开发许可制度比较研究－以英国、日本、中国为例. 中国建设信息，2005（9）：26－28

[86] 李兆汝. 历史文化街区：叫停房地产开发模式. 中国建设报. 2006. 6. 21

[87] 梁运斌. 中国房地产业必须走资源节约型的发展道路. 中国房地产，1995（11），30－35

[88] 林坚，冯长春. 美国的住房政策. 国外城市规划，1998（2）：6－10

[89] 刘宝香．浅谈太原市污水处理存在的问题．科技情报开发与经济，2007（17）：273－274
[90] 刘长发．试论房地产市场中的政府管理越位和缺位．攀登，2007（2）：77－80
[91] 刘国旺．年房价仍存在上涨趋势．中国财经报．2008. 5. 13
[92] 刘琳．房地产市场互动机理与政策分析．北京：中国经济出版社，2004
[93] 刘维新．中国房地产宏观调控的回顾与展望．城市开发，2006（7）：5－8
[94] 刘艳丰．中国房地产开发市场规范运行研究：［硕士学位论文］．沈阳：东北大学，2005
[95] 刘志峰．大力推进住宅产业化，加快发展节能省地型住宅．网址：http：//www.law-lib. com/fzdt/newshtml/22/20051028185050. htm. 2005. 6. 17
[96] 楼红平，涂云海．浅议房地产市场中的信息不对称问题．太原城市职业技术学院学报，2004，（4）：24－25
[97] 卢为民．新加坡住房政策启示．上海房地，2004（10）：58－60
[98] 罗龙昌等．城市房地产开发规范化管理．广州：暨南大学出版社，1999
[99] 罗森．住房补贴对住房对策、效率和公平的影响．公共经济学手册（卷1）．北京：经济科学出版社，2005
[100] 骆汉宾．房地产开发中的若干问题及对策．城市开发，1998（5）
[101] 迈克尔·迪屈奇（Michael Dietrich）．交易成本经济学－关于公司的新的经济意义．经济科学出版社，1999
[102] 曼昆．经济学原理．北京：生活·读书·新知三联书店；北京大学出版社，1999
[103] 苗仕儒．美国加州房地产业发展的启示．国外房地产博览，2005（2）：61－63
[104] 苗天青．我国房地产开发企业虚假广告行为及其规制．经济问题探索，2004，（3）：88－91
[105] 邵磊．我国住房体制改革与住宅标准的变迁．城市开发，2003（9）：46－48
[106] 史普博．管制与市场．上海：上海三联书店．上海人民出版社，2003：64
[107] 隋振江．结合危旧房改造不断提高住宅区规划建设水平．北京规划建设，1995（4）：29－32
[108] 孙寒冰，李世平．政策干预房地产市场合理性与有效性分析．理论导刊，2005（10）：19－21
[109] 孙荣，许洁．政府经济学．复旦大学出版社，2001.
[110] 孙逊．房地产行业管理断想．中外房地产导报，1999（3）：13
[111] 汤树华．中国房地产实务全书．新时代出版社，1992

[112] 唐茂华．我国房地产业发展的制度约束与政府管理．山西财经大学学报，2005（4）：70－74

[113] 唐文玉．西方土地利用规划中的公众参与和实践模式．中共桂林市委党校学报，2006，vol6（4）：25－28

[114] 唐晓莲，魏清泉．房地产开发中的规划管理问题探析．城市规划，2006（4）：51－53

[115] 陶承德．现代科学方法论．郑州：河南人民出版社，1987

[116] 王成．也谈房价高涨的原因．上海房地，2006（12）：20－21

[117] 王菲．国土部副部长驳地荒论，土地供应不能全靠市场．网址：http：//www. dahe. cn/xwzx/zxyw/gn/t20060613_ 543458. htm. 2006. 6. 13

[118] 王洪泉．商品房质量监控与工程施工的质量控制．中国房地产，2003，（8）：32－33

[119] 王家庭．城市规划与房地产开发非协调发展的实证分析与路径依赖．中国房地产金融，2005（8）：5－9

[120] 王建敏等．市场经济与宏观调控法研究．北京：经济科学出版社，2005：13

[121] 王健．理顺宏观调控和微观规制关系．国家行政学院学报，2002（5）：22－26

[122] 王俊豪．政府管制经济学论：基本理论及其在政府管制实践中的应用．北京：商务印书馆，2001

[123] 王连成．工程系统论．北京：中国宇航出版社，2002

[124] 王洛林．政府与企业：从宏观管理到微观管制．福建：福建人民出版社，1997：228

[125] 王炜．八部委严惩房地产市场违规行为．人民日报．2008. 1. 10

[126] 王文革．城市土地市场失灵及其管制法律对策．国土资源，2005，（3）：24－29

[127] 王文亮，张永安．技术经济学．北京：中国轻工业出版社，2001

[128] 文炳勋．政府失灵理论研究．株洲工学院学报，2005. vol. 19（2）：36－38

[129] 吴宝．浅议市场经济下的税负转嫁．邢台职业技术学院学报，2005，vol. 22（2）：49－50

[130] 吴秋明．集成管理理论研究．武汉理工大学博士论文，2004

[131] 吴亚卓，吴英杰．宏观经济调控研究．北京：北京邮电大学出版社，2005：2，30

[132] 夏有才．城市住宅发展规划应控制面积标准．网址：http：//old. ccghj. gov. cn/news/20031216/20031216102953l672. html. 2003. 12. 16

[133] 肖元真，屠平．新加坡调控房地产业的做法与启示．中国经贸导刊，2006（6）：21

[134] 徐一大．社区规划的公众参与机制．城市管理，2003（2）：34－36

[135] 杨波，杨亚西．我国政府管理城市房地产存在的突出问题及其原因分析．当代经济管理，2006（3）：47－51

[136] 杨龙，王骚．政府经济学．天津：天津大学出版社，2004

[137] 杨祖功，田春生，莫伟．国家与市场．北京：社会科学文献出版社，1999

[138] 殷会良．国外城市规划编制中公众参与方法的借鉴．贵州工业大学学报（自然科学版），2007，Vol. 36（2）：76－80

[139] 于荣宁．规范房地产市场研究．现代城市研究，2003（3）：76－79

[140] 余晖．谁来管制管制者．广东：广东经济出版社，2004．8－14

[141] 俞可平．治理与善治．社会科学文献出版社，2000

[142] 袁经勇．浅论工程项目生命周期全过程的材料管理．化工设计，2003，13（3）：46－50

[143] 苑韶峰．我国房地产市场现状与政府规制．价格理论与实践，2007（3）：41－42

[144] 张帆．环境与自然资源经济学，上海：上海人民出版社，1998．57

[145] 张华，陈朋．失效与救济：基于政府公共决策行为的分析．理论导刊，2007（3）：91－93

[146] 张冀，王学才．加强房地产行业协会自律的思考．当代经济，2006（7）下：22－23

[147] 张建东，高建奕．西方政府失灵理论综述．云南行政学院学报，2006（5）：82－85

[148] 张景伊．我国房地产行为规范的构成和特点．中国房地产，1994（1）：8－15

[149] 张旭．天津市房地产开发宏观管理对策研究：［硕士论文］．天津：天津大学，2001

[150] 张英佩．我国房地产业宏观调控存在问题及政策建议．东北财经大学学报．2006（1）：44－48

[151] 张永兴，李涛．温家宝谈住房问题：房价上涨较快人民有很大意见．网址：http：//news. xinhuanet. com/house/2007－11/20/content_ 7108201. htm

[152] 郑翔．英国城市居民的住房供应和保障政策及其对我国的借鉴．中国房地产，2007（4）：30－32

[153] 植草益．微观规制经济学．北京：中国出版社，1992：27

[154] 周少鹏．政府经济管理．北京：经济科学出版社，2000

[155] 周振华，韩汉君．经济发展中的利率．上海：现代金融研究丛书出版社．上海社会科学院出版社，2004

[156] 朱宇，尹宏祯．对我国房地产的宏观金融调控政策的效果评价．北方经济：综合版，2006（1）：68－69

[157] 刘文贤．谈谈日本土地制度．北京房地产，2006（3）：105～107

[158] 唐顺彦，杨忠学．英国与日本的土地管制制度比较．世界农业，2001（5）：19～20

[159] 李明扬，孙翔．城市土地利用控制开发许可制度比较研究－以英国、日本、中国为

例．中国建设信息，2005（9）：26～28

［160］于萍．日本住宅建设的现状和发展趋势．北京房地产，2006（9）：98～101

［161］苗仕儒．美国加州房地产业发展的启示．国外房地产博览，2005（2）：61～63

［162］吴迪，赵新．美国土地管理政策对我国土地管理的几点借鉴意义．黑龙江国土资源，2007（3）：52～53

［163］邢锡芳．美国的土地规划——发展调控中的问题与借鉴．世界建筑导报：设计论谈，2005（2）：92～93

［164］王晓瑜．政府与房地产市场．环球博览，2001：39～42

［165］林坚，冯长春．美国的住房政策．国外城市规划，1998（2）：6～10

［166］刘美霞．美日住房政策模式比较及对我国的启示．中国房地产，2002（7）：75～78

［167］查尔斯．H. 温茨巴奇，迈克．E. 迈尔斯，苏珊娜．埃思里奇．坎农．现代不动产．北京：中国人民大学出版社，2001

［168］［美］米勒斯．房地产开发：原理与程序（，刘洪玉）．北京：北京中信出版社，2003－08. 258～277

［169］陈勇．英国土地制度及其实践．山东国土资源，2007，Vol. 23（2）：5～8

［170］唐顺彦，杨忠学．英国与日本的土地管制制度比较．世界农业，2001（5）：19～20

［171］李明扬，孙翔．城市土地利用控制开发许可制度比较研究－以英国、日本、中国为例．中国建设信息，2005（9）：26～28

［172］郭文华．英国土地管理体制、土地财税政策及对我国的借鉴意义．国土资源情报，2005（11）：7～12

［173］从静，梅琳．英国公共住宅政策对我国住房改革的启示．科技创业月刊，2005，Vol. 18（3）：70～71

［174］候析民．主要市场经济体制国家　地区_ 住房保障制度及其对我们的启示．北京房地产杂志，1996（1）：22～24

［175］郑翔．英国城市居民的住房供应和保障政策及其对我国的借鉴．中国房地产，2007（4）：30～32

［176］卢为民．新加坡住房政策启示．上海房地，2004（10）：58～60

［177］赵德和．新加坡房地产管理的启示．上海房地，2005（6）：60～63

［178］肖元真，屠平，蔡俊煌．新加坡调控房地产业的做法与启示．中国经贸导刊，2006（6）：21

［179］宋培军，张秋霞．试论新加坡住房市场的体制特点及其成因．当代亚太，2004（8）：57～62

[180] 王松涛，中国住房市场政府干预的原理与效果评价，清华大学出版社，2009.7 P6

[181] 王阿忠．中国住宅市场的价格博弈与政府规制研究．中国社会科学出版社 2007－07

[182] 郭建波，世界住房干预理论与实践研究，中国电力出版社，2007

[183] 张永岳，张传勇，谢晖．我国房地产宏观调控政策效果评估初探—基于公共政策评估的视角，上海经济研究，2010，（12）：73－81

[184] 俞露，我国房地产市场中政府调控的效应分析，徐州工程学院学报社会科学版，Vol. 23No. 5，2008：28－32

[185] 余凯，中国房地产宏观调控的长效机制研究，首都经济贸易大学学报，2008，（4）

[186] 赵奉军，制度建设与房地产调控常态化反思　中国房地产 2011. 2　P20－22

[187] 仇保兴．我国房地产市场调控的难点与对策 [J]．住宅产业，2010，（12）：10－13

[188] 郝新艳，我国房地产宏观调控效果及对策研究，河北师范大学硕士学位论文，2009